1.1 Los artículos ▶ G 1.1

Rellena las lagunas con el artículo determinado y pon estas palabras en plural/en singular.
Setze den bestimmten Artikel ein und bilde von diesen Wörtern den Plural bzw. den Singular.

la guitarra → las guitarras
____ hombre → ____
____ región → ____
____ plaza → ____
____ iglesia → ____
____ torre → ____
____ orquesta → ____

los pueblos → el pueblo
____ ciudades → ____
____ amigos → ____
____ señores → ____
____ canciones → ____
____ extranjeras → ____

1.2 Ser y ser ▶ G 1.3

Rellena con las formas correctas de *ser*.
Ergänze mit der richtigen Form von ser.

1. Extremadura y Andalucía ____ dos Comunidades Autónomas[1].
2. Pizarro ____ el hombre más famoso de Trujillo.
3. Nosotras ____ españolas. Y vosotros, ¿de dónde ____?
4. Carmen y Javier ____ amigos.
5. Trujillo no ____ un pueblo de Andalucía.

1.3 ¡Que no! ▶ G 1.6

Rellena las lagunas y contesta las preguntas de forma negativa.
Fülle die Lücken aus und verneine die Fragen.

1. ¿Tú eres de Trinidad?
   No, ____.

2. ¿Est__ es una orquesta?
   No, ____.

3. ¿Est__ hombre es joven?
   No, ____.

4. ¿Est__ músicos son de España?
   No, ____.

[1] Comunidades Autónomas: Autonome Regionen

5. ¿Pizarro es de Madrid?
No, ______________________________.

6. ¿Est___ chica es rubia?
No, ______________________________.

7. ¿Est___ hombre es alto?
No, ______________________________.

1.4 ¿Cómo se pronuncia? ▶ G 1.5

a) Escucha cómo se pronuncian estas palabras.
Achte auf die Aussprache der Wörter.

Trujillo	amigos	teatro	jóvenes	universidad	guitarra	Ana	millón
Guatemala	realidad	Asturias	sombrero	Argentina	Javier	España	futbolista
espectáculo	paella	Cecilia	Aragón	europeo	toros	Zaragoza	turistas

b) Subraya la sílaba en la que se acentúa la palabra.
Unterstreiche die betonte Silbe.

c) Léele a tu compañero/a las palabras. Tu compañero/a te corrige.
Lest die Wörter und verbessert euch gegenseitig.

1.5 Y todo sin calculadora ▶ G 1.7

a) La suma es ... Lee y compara con tu compañero/a.
Bilde die Quersumme.

981	2376	488
1234	4942	2351

631
6 y 3 y 1 son 10

b) Invéntate tú números. La suma no puede superar 20. Tu compañero/a los lee y calcula.
Schreibe Zahlen auf, deren Quersumme nicht höher als 20 ist. Dein Partner / Deine Partnerin liest und addiert.

1.6 Un poco de todo

Rellena las lagunas.

1. Est_____ es Trujillo, _____ pueblo de Extremadura, una región en _____ oeste _____ España.
2. Francisco Pizarro _____ el conquistador del Perú.
3. Las fiestas de Trujillo _____ a finales _____ agosto.
4. Est_____ músicos son jóven_____, y el de la guitarra es alt_____ y rubi_____.
5. _____ música _____ excelent_____.
6. Est_____ cancion_____ son muy modernas.

1.7 Crucigrama

Busca las palabras.

	1	2	3	4	5	6	7	8	9	10	11	12	13	14	15	16	17
1	J	D	R	Ñ	E	L	H	U	Z	A	R	M	F	Z	O	P	S
2	H	T	Z	F	X	D	M	T	A	M	B	I	É	N	R	S	P
3	R	H	I	K	C	D	N	X	Q	Ñ	E	G	W	M	G	D	E
4	Z	M	P	S	E	R	V	T	V	R	E	L	H	J	U	I	Q
5	O	K	F	S	L	W	X	J	A	V	G	E	N	T	E	V	U
6	A	É	**C**	R	E	G	I	Ó	N	A	R	S	D	R	G	U	E
7	J	T	**I**	L	N	U	L	V	L	É	V	I	B	U	J	D	Ñ
8	Ñ	P	**U**	A	T	Ó	J	E	X	T	R	A	N	J	E	R	O
9	D	G	**D**	C	E	X	U	N	V	Ñ	R	D	T	I	A	R	N
10	L	H	**A**	E	U	É	B	E	N	B	Ó	A	P	L	A	Z	A
11	M	O	**D**	E	R	N	A	S	G	J	H	C	N	L	R	É	G
12	E	M	T	D	C	Ñ	A	C	D	B	A	L	T	O	S	M	J
13	B	B	É	M	O	T	R	A	S	J	Y	U	M	P	O	G	R
14	V	R	U	E	T	R	Ñ	X	O	L	Ó	D	L	U	M	U	Y
15	S	E	Ñ	O	R	M	J	F	I	E	S	T	A	R	O	J	N
16	D	Ó	M	C	O	V	X	E	S	X	E	T	S	P	S	O	N

3 Madrid no es un pueblo, es una ciudad

Vertical
2 señor
5 muy bien / *ein anderer*
8 Los chicos son …
9 *(ihr) seid*
11 *es gibt*
12 En la torre de la … hay nidos de cigüeña.
13 artículo femenino
14 ciudad en Extremadura
15 *(wir) sind*
17 *nicht groß*

Horizontal
1 artículo masculino
2 *auch*
3 preposición
4 *sein*
5 *Leute*
6 Extremadura es una …
8 no del país
9 artículo masculino
10 preposición / la … del pueblo
11 las canciones son …
12 Los chicos son …
13 *andere (f.)*
14 *sehr*
15 hombre / *Fest*
16 *(sie) sind*

1.8 Todos saben español

Vas a oír varias expresiones del CD. Márcalas y compara con las que ha marcado tu compañero/a.
Markiere die Ausdrücke, die du nun auf der CD hörst, und vergleiche mit deinem Partner / deiner Partnerin.

café con leche | gracias | muchacho | amigo | hasta luego | hola | estudiante | torero
arena | mañana | fiesta | sol | mar | vino tinto | agua mineral con gas | tango
pasodoble | tequila | tacos | tortilla | habitación | paella | sombrero | arriba | hombre
por favor | vaya con Dios | olé | hasta la vista | ¿qué será? | una cerveza | caramba
dinero | ¡viva España! | pan | señora | buenos días | buenas noches | uno dos tres
vamos a la playa | salud | amor | la cucaracha | bésame mucho | la paloma | dime cuándo

2.1 Femenino y masculino ▶ G 2.1

a) **Haz frases y después pon en femenino lo que está en masculino y viceversa.**
Formuliere Sätze und bilde anschließend die männliche bzw. die weibliche Form.

	amiga		feliz
	abuelo		alemán
mi	novia	ser	joven
el / la	padre		español/a
	prima		famoso/a
	chico		diferente

b) **Forma el plural.**
Bilde den Plural.

2.2 Muchas frases ▶ G 2.1

a) **Construye todas las frases posibles.**
Bilde so viele Sätze wie möglich.

		comprar	alemán
yo		tocar	español
la gente		bailar	en Extremadura
la orquesta	(no)	estudiar	en la fiesta
vosotros		llamarse	música moderna
muchos españoles		hablar	en la plaza
Ana		cantar	un regalo
		ser	mucho
			Juan o Manolo

b) **Compara las frases con las de tu compañero/a y corrige si es necesario.**
Vergleiche die Sätze mit deinem Partner / deiner Partnerin und verbessere sie gegebenenfalls.

2.3 Ordenando ▶ G 2.2 / 2.3

Apunta las formas de los verbos siguientes en las columnas correctas.
Ordne die Verbformen in die richtige Spalte ein.

somos | compra | paso | invitas | se llama | hablamos | llegáis | desean | invitan | soy | te llamas
canta | cantáis | me llamo | llegan | eres | estudiamos | sois | estudias | toco | llegamos

yo	tú	él / ella	nosotros/-as	vosotros/-as	ellos / ellas

2.4 Di la verdad ▶ G 1.4 / 2.4

Di si las siguientes frases son correctas o no. Si no lo son, pon la información correcta.
Sind diese Aussagen korrekt? Verbessere sie gegebenenfalls.

1. Trujillo es un pueblo de Andalucía.
2. En la iglesia de Trujillo hay nidos de cigüeña.
3. Pizarro es el conquistador de México.
4. En las fiestas de los pueblos españoles hay gente de fuera.
5. En los cumpleaños los españoles cantan el *Happy Birthday*.
6. Katja es de la zona del Rin.
7. Extremadura está en Bolivia.

2.5 Mío, mío ▶ G 2.5

Traduce las frases siguientes.
Übersetze die folgenden Sätze.

1. – Wie heißt dein Bruder? Und deine Schwester?
   – Mein Bruder heißt Michael und meine Schwester Sonja.
2. Sie nimmt ihre Gitarre und spielt ein Lied.
3. Wann ladet ihr eure Freunde ein?
4. Wo verbringen deine Eltern die Ferien?
5. Es ist mein Geburtstag und heute lade ich ein.
6. Seine Brüder lernen Spanisch, aber seine Schwester lernt Englisch.

2.6 La familia

Recorta fotos de personas del periódico. Inventa cómo son y preséntaselas a tu compañero/a como si fuera tu familia. Después habláis de ellos.
Schneide aus einer Zeitschrift Fotos von Personen aus und stelle sie deinem Partner / deiner Partnerin als deine Familienmitglieder vor. Denkt euch kleine Dialoge mit erfundenen Angaben aus.

yo | mi madre | mi padre | mi abuelo[1] | mi abuela[1] | mi hermano[2] | mi hermana[2] | mi primo[3] | mi prima[3]

—Este es mi abuelo.
—¿Cómo se llama?
—Se llama Andreas.
—¿De dónde es?
—Es de Hamburgo.
—¿Cómo es?
—Es alto y moreno.
—¿Tu abuelo habla español?
—No, mi abuelo habla alemán.

[1] el abuelo / la abuela: Großvater / Großmutter
[2] el hermano / la hermana: Bruder / Schwester
[3] el primo / la prima: Cousin / Cousine

2.7 Mucho muy ▶ G 2.6

Combina y formula expresiones correctas con *muy, mucha, mucho, muchas, muchos.*
Kombiniere und bilde passende Ausdrücke.

trabaja, bonito, amigos, joven, hijos, amigas, moderna, dinero, hablamos, compran, vacaciones, gente, famoso, chicos, países, cedés, estudio

2.8 Acentuar ▶ G 2.7

a) **Escucha las siguientes frases y pon los acentos.**
Höre dir die Sätze an und setze die fehlenden Akzente.

1. Mi casa es tu casa.
2. —¿Como son los musicos? —Son jovenes.
3. Sois fenomenales.
4. —¿De donde eres? —No soy de aqui.
   —Pues yo si, yo soy de Merida.
5. En la plaza tambien hay musica.
6. —¿Que tal? —Bien, gracias.
7. —¿Hablais ingles? —Si, pero no muy bien.
8. —¿Cuando es la fiesta? —No se.
9. —¿Tu hablas aleman? —No, ¿y tu?
10. —¿El es de Madrid? —No, es de Caceres.
11. —¿Este regalo es para mi? —Si, claro.

b) **Dicta tú a tu compañero/a algunas frases. Después controláis si están bien escritas.**
Diktiert euch gegenseitig einige Sätze. Kontrolliert danach, ob sie richtig geschrieben sind.

2.9 Estos son nuestros artículos ▶ G 1.1

Completa el texto con los artículos que faltan: *el / la / los / las / un / una / unos / unas.*
Ergänze die fehlenden Artikel.

1. Katja es ______ chica alemana que pasa ______ vacaciones en casa de Ana, ______ amiga española. Ana es de Trujillo, ______ pueblo de Extremadura. Extremadura es ______ región española en ______ oeste de ______ país. Toño, Miguel y Javier también son de Trujillo y son amigos de Ana. Son ______ chicos muy simpáticos. Invitan a Katja a tomar ______ helado[1].

2. En agosto son ______ fiestas de Trujillo. Durante ______ fiestas toca ______ orquesta en ______ plaza de ______ pueblo. Los músicos son ______ chicos muy jóvenes. Tocan ______ canciones muy buenas y modernas. ______ gente baila, pero Ana y Katja no; ellas compran ______ boletos en ______ tómbola y hablan con ______ chicas extranjeras que también pasan ______ vacaciones en España.

3. Ana lleva ______ paquete en ______ mano. Es ______ regalo para ______ cumpleaños de Toño. Para Ana a veces[2] es ______ problema comprar ______ regalo para Toño. Toño es ______ chico muy especial[3].

[1] el helado: Eis; [2] a veces: manchmal; [3] especial: besonder

2.10 Mientras estudias ▶ G 2.8

Completa el texto con *mientras* y *durante*.
Ergänze den Text mit mientras oder durante.

Ana llega a la plaza con un regalo para Toño, porque es su cumpleaños. Mientras Toño mira el regalo, sus amigos cantan el "cumpleaños feliz". Luego Toño invita a sus amigos. Mientras toman algo en el bar, charlan de las fiestas de Trujillo. Durante las fiestas, hay mucha gente de fuera. También Katja es de fuera. Hace un curso[1] de español durante las vacaciones de verano. Ana y Toño bailan en la plaza, pero Katja no. Mientras Ana y Toño bailan, Katja habla con Javier de las fiestas en Alemania. También en Alemania hay muchas fiestas Mientros los meses de verano.

2.11 Dialogando

Construye un diálogo con tu compañero/a. Primero en la segunda persona de singular (tú). Luego en la tercera persona de singular (usted).
Denkt euch einen Dialog aus. Zunächst mit der Anrede „du", dann mit der Anrede „Sie".

A begrüßt B → B antwortet → A fragt B nach Befinden → B antwortet → B fragt A nach Namen → A antwortet → B fragt A nach Herkunft → A antwortet → A verabschiedet sich → B verabschiedet sich auch

2.12 ¿Te gusta?

Pregunta a tu compañero/a.
Frage deinen Partner / deine Partnerin.

—¿Te gusta/n las cigüeñas / la música clásica / bailar … ¿
— ¡ Sí, me gusta/n (mucho). — ¡ No, no me gusta/n (mucho/nada).

2.13 Los animales también "hablan" idiomas

Compara.

	Perro	Pájaro	Oveja	Vaca	Cerdo	Gato	Gallo
Castellano	Guau	Pío pío	Be	Mu	Groing	Miau	Quiquiriquí
Inglés	Bow-bow *(Bou-bou)* Woof-woof *(Guf guf)*	Tweet tweet *(Tuit tuit)*	Baa	Moo *(Muu)*	Oink-oink	Miaow *(miau)*	Cock-a-doodle-doo *(Coc a dudli du)*
Francés	Ouah ouah	Pi-pi-pi	Be-be	Meuh	Oin-oin	Miau	Cocorico
Alemán	Wau-wau *(Vau-vau)* -con 'v' labiodental-	Piep-piep *(Pip pip)*	Bäh *(Bee)*	Muh		Miau	Kikiriki *(Quiquiriquí)*
Italiano	Bau-bau	Cip-cip *(Chip chip)*	Be	Muu		Miao	Chicchirichi *(Quicquiriquí)*
Catalán	Bub-bub	Piu-piu *(Piu piu)*	Bé	Mu	Grny *(Yern)*	Mèu	Quiquiriquic
Euskera	Zaunk *(Saunk)*	Txio-txio *(Chio chio)*	Jauba *(Yauba)*	Marrum	Kurrin-kurrin *(Currin currin)*	Mao-ñau	Kukurruku *(Cúcurrucu)*

De la revista *Muy interesante*

[1] hace un curso de español: sie macht einen Sprachkurs

2.14 Ser y más ser ▶ G 2.2

Haz esta pregunta a varios compañeros/as y di luego de dónde son.
Frage deine Partner/innen, woher sie kommen, und wiederhole es dann.

—Michael,
¿de dónde eres tú?
—Yo soy de …
—Michael es de …

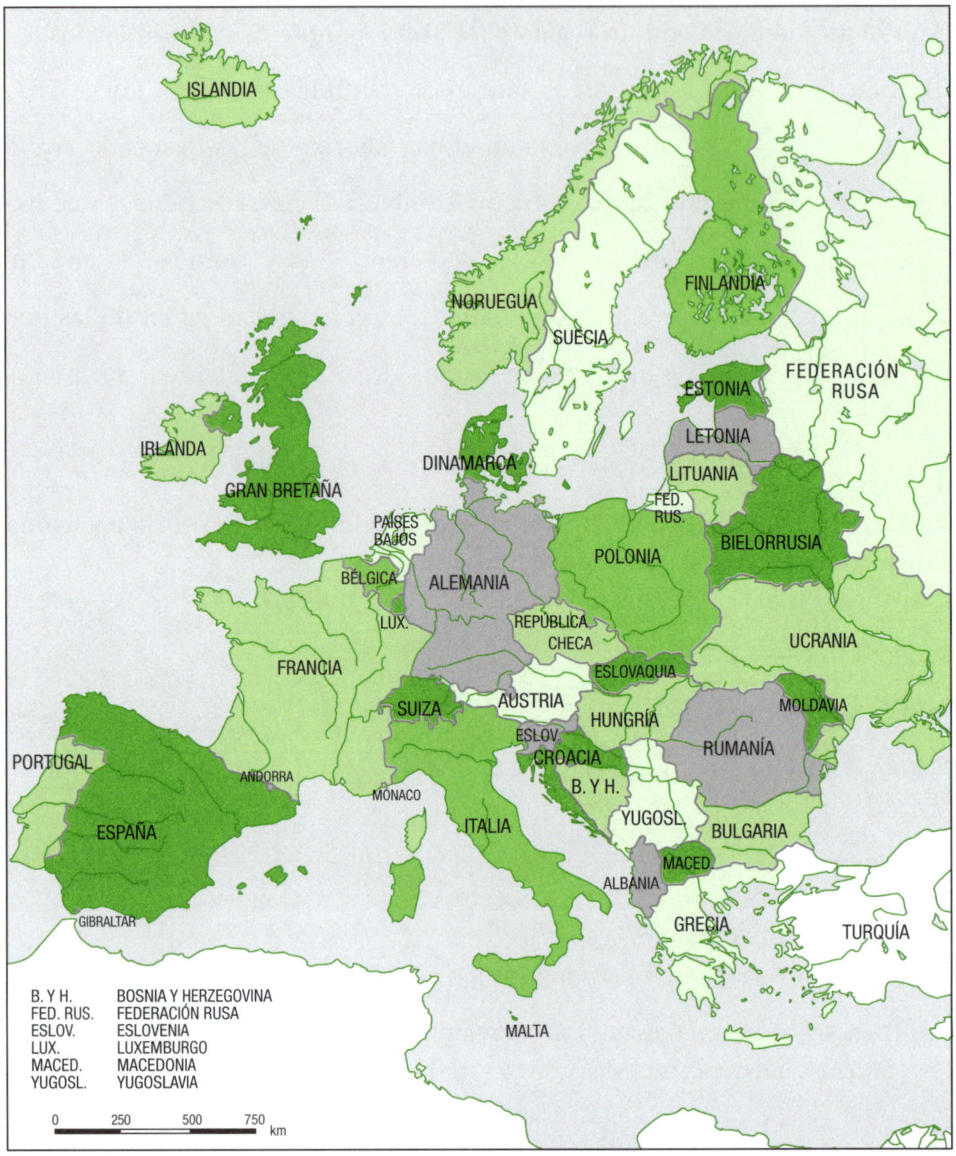

2.15 Se habla español

Escucha el texto y apunta si la información es correcta o no.
Höre den Text und gib an, ob folgende Information richtig oder falsch ist.

	correcto	falso
1. En España hay 3 lenguas oficiales.	☐	☐
2. El castellano es lengua oficial en España.	☐	☐
3. Las Comunidades Autónomas son como los *Bundesländer* alemanes.	☐	☐
4. En Galicia se habla vasco.	☐	☐
5. El valenciano es un dialecto del gallego.	☐	☐

3.1 ¿Pero, qué hora es en ...? ▶ G 3.1

Mira qué hora es y pregunta a tu compañero/a qué hora es en otras ciudades / en otros países del mundo. Las informaciones del siguiente mapa te ayudarán para saber si tienes que añadir o substraer horas.

Stellt fest, wie viel Uhr es jetzt bei euch ist und fragt euch gegenseitig, wie spät es in anderen Städten / Ländern ist. Die folgende Karte enthält die Stunden, die hinzugefügt oder abgezogen werden müssen.

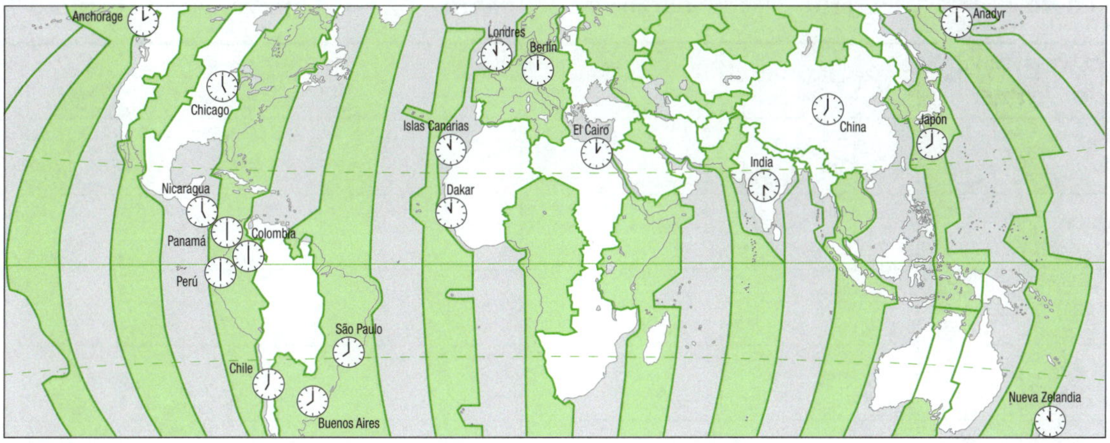

—¿Qué hora es?
—Son las 10.30 h.
—¿Y qué hora es en Londres / en El Cairo?
—En Londres son las 9.30, una hora menos[1].
—En El Cairo son las 12.30, dos horas más.

3.2 Diferentes países, diferentes horarios ▶ G 3.1

Habla con tu compañero/a.

—¿A qué hora es la cena en Dinamarca?
—En Dinamarca cenan a las seis de la tarde.
—¿Y en Francia?
—En Francia cenan más tarde que en Dinamarca.
Los franceses cenan a las ocho de la noche.

antes que[2]

más tarde que[3]

Horarios medios por países

	Levantarse	Desayuno	Almuerzo/comida	Cena	Ir a la cama
Dinamarca	6.45	7.30	12.00	18.00	23.35
Suecia	6.15	7.30	12.00	17.00	23.15
Reino Unido	7.00	8.15	13.00	16.00	23.30
Austria	6.15	7.00	12.30	18.30	22.50
Bélgica	7.15	7.30	12.30	18.15	23.00
Francia	7.00	7.30	12.30	20.00	23.30
Alemania	6.45	7.45	12.30	18.45	23.10
Luxemburgo	7.00	7.30	12.30	18.45	23.20
Holanda	7.00	7.45	12.30	18.00	0.00
Suiza	6.45	7.45	12.30	18.45	23.15
Grecia	7.00	7.45	13.30	21.00	0.40
Italia	7.00	7.45	13.30	20.00	23.20
Portugal	7.00	8.00	13.00	20.00	23.30
España	**8.00**	**8.30**	**13.30**	**21.30**	**0.15**

El País

[1] menos: weniger; [2] antes que: früher als; [3] más tarde que: später als

3.3 La agenda ya está llena.

Apunta todas las fechas del año que viene (cumpleaños, vacaciones, exámenes, dentista, etc.) que son importantes para ti.

Notiere alle Tage des kommenden Jahres (Geburtstage, Ferien, Prüfungen, Zahnarzt etc.), die für dich wichtig sind.

	enero	febrero	marzo	abril	mayo	junio
2	cumpleaños de Jorge					

	julio	agosto	septiembre	octubre	noviembre	diciembre

b) Compara con tu compañero/a.

—El 2 de enero es el cumpleaños de Jorge.

3.4 Ser o estar, esa es la cuestión ▶ G 3.3

Construye con *ser* o *estar* todas las frases posibles.
Bilde mit ser oder estar so viele Sätze wie möglich.

> Los chicos …
> Los chicos son andaluces. / Los chicos están en la plaza. / Los chicos son morenos. /
> Los chicos están en España. …

la fiesta
el reloj
el examen
Graciela
el concierto
Katja y Karin
los alumnos
el paquete
Cuzco y Machu Picchu

andaluz/a	en la plaza	en la fiesta
bonito/a	alto/a	en clase
en España	en el Perú	moreno/a
rubio/a	joven	grande
a las ocho	en Alemania	el viernes
en julio	cansado/a	contento/a
parado/a	a las ocho	

3.5 Jugamos al bingo ▶ G 1.7 / 3.4

Marca 6 números. Uno/a de tus compañeros/as leerá los números en el orden que quiera. Cuando haya dicho todos tus números, has ganado.
Markiere 6 Zahlen. Der Spielleiter liest die unten stehenden Zahlen in beliebiger Reihenfolge laut vor. Du hast gewonnen, wenn alle deine Zahlen genannt worden sind.

1	2	3	4	5	6	7	8	9	10
11	12	13	14	15	16	17	18	19	20
21	22	23	24	25	26	27	28	29	30
31	32	33	34	35	36	37	38	39	40
41	42	43	44	45	46	47	48	49	50
51	52	53	54	55	56	57	58	58	60
61	62	63	64	65	66	67	68	69	70
71	72	73	74	75	76	77	78	79	80
81	82	83	84	85	86	87	88	89	90
91	92	93	94	95	96	97	98	99	

3.6 Qué lío: *¿a, de* o *en*? ▶ G 3.5

Rellena con la preposición correcta.
Ergänze mit der richtigen Präposition.

a de en

1. —¿_____ dónde vais después _____ clase?
   —Vamos _____ casa.
2. —¿_____ qué hora llega Graciela?
   —_____ las siete.
3. —¿Dónde está la madre _____ Graciela.
   —Está _____ casa.
4. —¿Vas _____ Perú _____ avión?
   —No, voy _____ autobús.
5. —¿_____ quién presenta Ana _____ clase?
   —Ana presenta _____ Katja _____ clase.
6. —¿Dónde trabaja Graciela?
   —Graciela trabaja _____ casa _____ los Valdivia.
7. —¿Estáis invitados _____ la fiesta _____ Pablo?
   —Yo sí, pero Marta no.
8. —¿_____ quién es esta guitarra?
   —Es _____ Miguel.
9. —¿Dónde espera Pablo _____ Irene?
   —Pablo espera _____ Irene _____ la plaza.
10. —¿_____ dónde sois?
    —Somos _____ Chile, pero vivimos _____ Lima.

Lima

3.7 Planes para el futuro ▶ G 3.6

a) **Apunta lo que vas a hacer hoy, mañana, el fin de semana … Si no sabes alguna expresión, pregunta a tu profesor/a o consulta el diccionario.**
Schreibe auf, was du heute, morgen, am Wochenende machen wirst. Wenn du etwas nicht weißt, frage deinen Lehrer / deine Lehrerin oder schlage im Wörterbuch nach.

Hoy …
Mañana …
El fin de semana …

b) **Pregunta lo que va a hacer tu compañero/a .**
Frage deinen Partner / deine Partnerin, was er / sie machen wird.

3.8 ¿Qué es y dónde está?

a) ¿Qué sabes de ciertos lugares de esta mapa? Apunta toda la información que tengas sobre ellos y compara con tu compañero/a.
Schreibe auf, was du über einige dieser Orte weißt.

b) ¿Habéis oído alguna vez los siguientes nombres "mágicos"? Consultáis mapas, libros, Internet y apuntáis lo que son y dónde están.
Habt ihr die folgenden „magischen" Namen schon einmal gehört? Versucht, an Hand von Karten, Büchern, Internet herauszufinden, worum es sich bei diesen Namen handelt und wo die Orte sich befinden.

Sacsayhuamán	Urubamba	Arequipa
Chan Chan	Huancayo	Iquitos

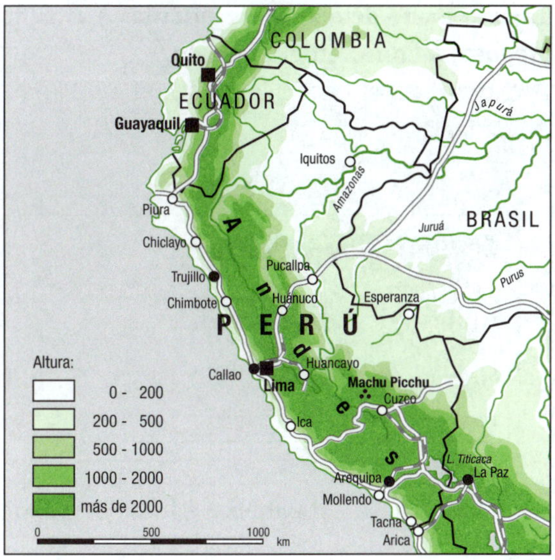

3.9 ¿Qué dicen? ▶ G 3.1 / 3.4

a) Vas a escuchar algunos avisos. No tienes que entender todo. Apunta los datos de cada aviso.
Du hörst einige Durchsagen. Du musst nicht jedes einzelne Wort verstehen. Schreibe die wichtigen Informationen jeder Ansage auf.

1.
Número del vuelo[1] ______________
Destino[2] ______________
Hora de salida[3] ______________
Puerta de embarque[4] ______________

2.
Número del vuelo ______________
Destino ______________
Hora de salida ______________
Puerta de embarque ______________

3.
Número del vuelo ______________
Destino ______________
Hora de salida[5] ______________
Puerta de embarque ______________

4.
Puerta de embarque ______________

5.
Número del tren ______________
Destino ______________
Número de la via ______________

6.
Número del tren ______________
Destino ______________
Retraso[6] ______________

b) Lee lo que has apuntado a tu compañero/a. Si no coincidís en algún dato, preguntáis a vuestro profesor / vuestra profesora.
Lies deinem Partner / deiner Partnerin vor, was du aufgeschrieben hast. Falls eure Daten nicht übereinstimmen, fragt euren Lehrer / eure Lehrerin.

---

1 el número del vuelo: Flugnummer
2 el destino: Zielort
3 la hora de salida: Abflugs-, Abfahrtszeit
4 la puerta de embarque: Gate / Flugsteig
5 la vía: Gleis
6 el retraso: Verspätung

3.10 La información correcta

Tapa la parte devecha o izquierda. A ti te faltan algunos datos. Tu compañero/a los tiene. Hazle preguntas como en el ejemplo.

Decke die rechte oder linke Spalte ab und frage deinen Partner / deine Partnerin nach den Informationen, die dir fehlen.

A	B
BAR BORRACHO Abierto de ________ Cerrado los lunes ________, n° 31	**BAR BORRACHO** Abierto de 8 h a 1.30 h Cerrado los ________ Plaza de la Discordia n° ________

—¿A qué hora está abierto el Bar Borracho? → —De 8 a 1.

—¿Cuándo está cerrado? → —Los lunes.

—¿Dónde está? → —Está en la Plaza de la Discordia.

—¿Qué número? → —Número 31.

A	B
Restaurante *EL ESTRAGÓN* Vegetariano TABERNA RESTAURANTE Pl. de la Paja ____ De 13 a ____h y 20 a 24 h. Tel.: Reservas ________ (Metro: La Latina)	Restaurante *EL ESTRAGÓN* Vegetariano TABERNA RESTAURANTE Pl. de la Paja, 10 De 13 a 17 h y ____ a 24 h. Tel.: Reservas 913 65 89 82 ________
Oficinas de Información Turística Aeropuerto de Barajas Tel.: 305 86 56 De lunes a viernes: ________. Sábado: ________.	Oficinas de Información Turística ________ Tel.: 305 86 56 De lunes a viernes: 8 a 20 h. Sábado: 9–13 h.
C.C.I. Centro Cooperativo de Idiomas. ________. Tel.: 541 39 78	**C.C.I.** Centro Cooperativo de Idiomas. Gran Vía, 64–66. Tel.: ________

4.1 El viaje al Perú es caro ▶ G 3.3

Decide en los siguientes casos si se debe usar *ser* o *estar*.
Entscheide, ob ser oder estar eingesetzt werden muss.

1.
El viaje de fin de curso __________ en enero. Graciela tiene que trabajar para ayudar a pagar el viaje, sus papás no __________ ricos[1]. Trabaja de niñera. Cuida a la niña de los Valdivia. Los Valdivia __________ muy generosos. La guagua __________ muy linda. La casa de los Valdivia __________ moderna y __________ en el centro de Antofagasta.

2.
Graciela __________ en la Plaza de Armas de Cuzco y habla con otro chico de su grupo. Se llama Julián. Julián __________ también de Antofagasta y __________ muy contento con el viaje. La cultura de los incas __________ fascinante para ellos. Ya __________ tarde y los dos __________ algo cansados.

3.
Bettina __________ alemana. Sus padres __________ separados. Hace un curso de español en Córdoba. La escuela de idiomas __________ en el centro. No __________ muy grande. El curso le gusta, ella __________ contenta. Casi todos los profesores __________ simpáticos y las clases no __________ aburridas.

4.2 ¿Qué hay hoy en la tele?

Mira el programa de la tele y contesta las preguntas.
Schau dir das Fernsehprogramm an und beantworte die Fragen.

TVE-1 (*La primera*)		La 2 (*La dos*)		Antena 3	
15.00	Telediario 1	12.30	Especial informativo	15.00	Noticias
15.40	Dinosaurios	12.30	Baloncesto	15.30	Serie: *Todos los hombres sois iguales*
17.00	Cine: *Titanic*	14.00	La casa de los espíritus	17.30	Telenovela: *El secreto*
18.45	Rex, un policía diferente	15.00	Noticias	20.00	Los negocios de mamá
20.00	Gente	15.45	Serie: *Reporteros con clase*	21.00	Noticias
20.30	Corazón – Corazón	17.00	Saber y ganar	21.30	Lo que necesitas es amor
21.00	Telediario 2	18.30	Película: *Adiós, cariño*	22.50	Cine: *Solteros*
21.30	La película de la semana: *Belle Epoque*	20.30	Fútbol: Real Madrid–FC Barcelona	00.30	Serie: *El Zorro*
23.15	Noche de fiesta	23.45	Cine: *James Bond*	01.30	Madrugada de cine: *Sueños de amor*
01.30	Cine: *Misterio en el espacio*	01.50	Noche de coplas		

1. ¿Qué programas son más o menos como en tu país?
2. ¿Qué hay en la dos?
3. ¿Qué programas te gustan?
4. ¿Vas a ver hoy la tele?
5. ¿Qué programas vas a ver hoy, esta semana, etc.?
6. ¿A qué hora?

[1] rico/a: reich

4.3 Tener no es tener que ▶ G 4.1 / 4.2

Completa la frase con *tener* o *tener que*.

Ergänze die Sätze mit dem richtigen Verb in der richtigen Form.

1.
—Bettina, ¿ ______________ tú televisión en tu habitación?

—En Alemania sí, pero en casa de los Quintero no ______________ televisión en mi habitación.

2.
—¿A qué hora llega el avión de Múnich?

—A las 16.30 h. Son las 16 h. (Nosotros) ______________ esperar media hora.

3.
—¿Qué haces esta tarde? ¿Vamos al cine?

—No, hoy no. (Yo) ______________ estudiar porque mañana ______________ un examen.

4.
—Oye Bettina, tú ______________ hablar más; ______________ aprender bien el español.

—Sí, sí, (yo) ______________ hablar más, ya lo sé.

5.
—¿ (Nosotros) ______________ aprender todas estas palabras para la clase del lunes? Es mucho, ¿no?

—No, no es mucho. (Vosotros) ______________ estudiar más y ver menos la tele.

6.
—¿A qué hora ______________ (tú) hoy la clase particular, Graciela?

—Hoy no ______________ clase, mamá. ______________ ir a cuidar a la niña de los Valdivia.

—¿Y a qué hora regresas? Ya sabes que (tú) ______________ dormir mucho para sacar buenas notas.

7.
—¿ ______________ (tú) ya el dinero para el viaje al Perú, Graciela?

—No, todavía ______________ ahorrar un poco más.

8.
—Oye, ¿Tú ______________ aquí el móvil? Es que (yo) ______________ mandar un mensaje a un amigo.

—No, hoy no lo[1] ______________ aquí.

---

[1] lo: ihn/es

4.4 ¿Cuántas cosas? ▶ G 1.7 / 3.4 / 4.1

Haz preguntas a tus compañeros/as cómo en el ejemplo.
Fragt euch gegenseitig wie im Beispiel.

—¿Martin, cuántos amigos tienes tú?
—Yo tengo cinco amigos, cuatro son alemanes, uno es turco. ¿Y tú, Anja?
—Yo tengo cuatro. Los cuatro son alemanes, no tengo amigos turcos …
—¿Y tú, Achim?
…

amigos (alemanes / latinoamericanos / españoles / otros)
hermanos
primos[1]
cedés de música
libros …

amigas (…)
hermanas
primas[1]

4.5 Jugando se aprende ▶ G 2.2 / 4.3

Tu compañero/a marca uno de los siguientes verbos. Tú tiras el dado y dices la forma correspondiente. Si no la sabes, mira en el libro del alumno (pág. 210 y siguientes).
Dein Partner / Deine Partnerin wählt eines der folgenden Verben. Du würfelst und nennst die entsprechende Verbform. Schlage notfalls im Schülerbuch (Seite 210 ff.) nach.

hablar | aprender | vivir | llegar | estudiar | escribir | bailar | creer | comprar
llamarse | tocar | subir | pasar | abrir | leer | comprender | tomar | mirar

1 = yo
2 = tú
3 = él, ella, Vd.
4 = nosotros/as,
5 = vosotros/as
6 = ellos/as, Vds.

4.6 Algo falta ▶ G 4.4

Completa con las formas del verbo que faltan.
Ergänze die fehlenden Verbformen.

ir					oír				
	soy								
			tienes					ves	
						pone			hace
		estamos							
				cogéis					
							saben		

[1] el primo / la prima: Cousin / Cousine

4.7 ¿Qué verbos oigo? ▶ G 4.4

Escucha los diálogos y rellena las frases. Compara con tu compañero/a y añade si te faltan algunos verbos. Conjúgalos.

Höre dir die folgenden Dialoge an und trage die Verben ein. Vergleiche mit deinem Partner / deiner Partnerin und ergänze die fehlenden Verben. Konjugiere sie.

1.
—¿Qué ______________ hoy en la tele?

—No ______________.

2.
—¿______________ la casa donde ______________ el bar?
—Sí.

—Pues allí ______________ los Quintero.

3.
—______________, ______________.

—¿Qué ______________?

—______________ una cosa que tú no ______________ ...

4.
—¿Bettina, me ______________?

—No, un momento, ______________ a ______________ la música.

5.
—¿Qué ______________ Bettina?

—______________ la tele.

6.
—Borja, ¿a dónde ______________?

—______________ al colegio.

—¿______________ ______________?
—Sí, claro.

7.
—Julia, ¿______________ tú la mochila?

—Vale.

4.8 Todos hacemos lo mismo ▶ G 4.5

Formula en español las siguientes frases.

1. – Bettina, wo verbringst du die Ferien?
   – Ich verbringe die Ferien jedes Jahr in Spanien.
2. – Seid ihr den ganzen Monat in Berlin?
   – Ja, den ganzen Monat.
3. – Mit wem fährt Graciela nach Peru?
   – Mit allen ihren Freunden.
4. – Die ganze Familie ist heute zu Hause.
   – Warum?
   – Weil Katja Geburtstag hat.
5. – In Trujillo sind nicht alle Häuser schön.
6. – Muss ich alle Wörter lernen?
   – Nein, nicht alle.

4.9 El gran traductor ▶ G 4.7

Traduce estas frases al alemán. ¿Qué estructuras empleas? ¿Por qué?
Übersetze folgende Sätze ins Deutsche. Welche Strukturen verwendest du und warum?

1. Está aprendiendo español en una escuela de idiomas.

____

2. Estamos pasando las vacaciones en España.

____

3. ¿Qué música estás oyendo?

____

4. Están esperando delante del ascensor.

____

5. Estoy leyendo un libro muy interesante.

____

4.10 Por favor, para ir ...

Dialoga con tu compañero/a.

—Por favor, ¿para ir al Banco Mediterráneo?
—La segunda a la derecha.

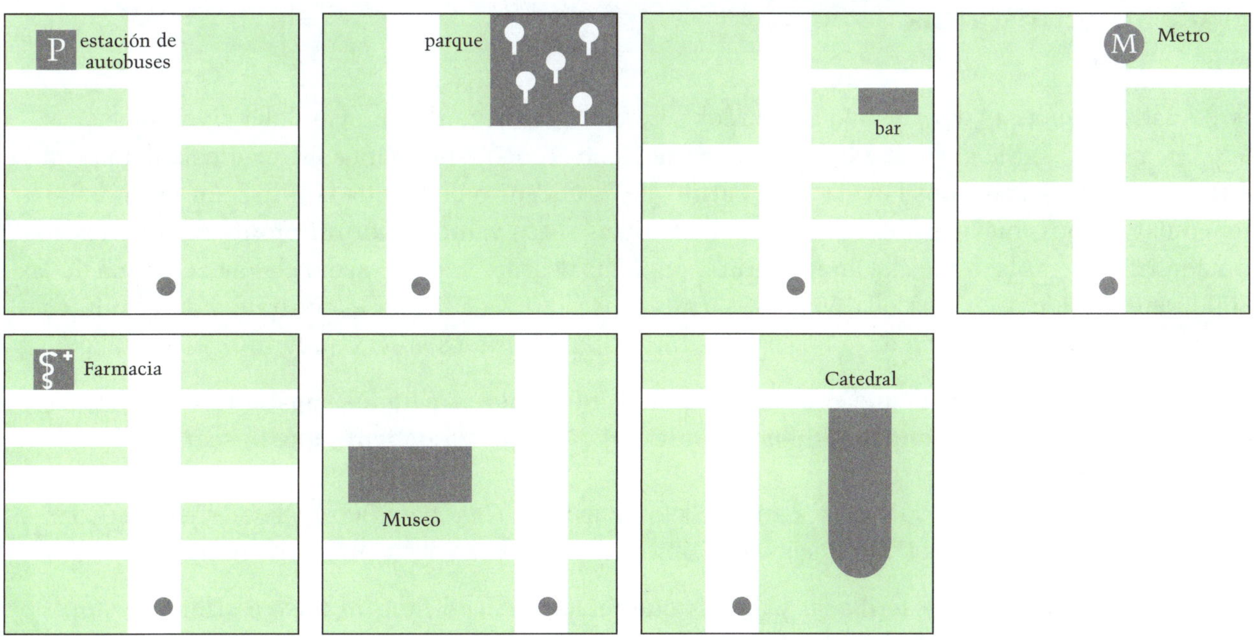

4.11 España antes y después del 2000 ▶ G 4.8

a) **Mira en el diccionario las palabras que no conoces.**
Schlage im Wörterbuch die dir unbekannten Wörter nach.

	Población	Enseñanza secundaria	Precio del pan (pequeño)
1975	35.813.680 habitantes	816.600 alumnos	8 pesetas (= 0.048 €)
2000	39.852.651 habitantes	1.792.258 alumnos	85 pesetas (= 0,50 €)
2002	39.974.700 habitantes	1.789.150 alumnos	50 céntimos

	Precio del autobús	Precio del metro	Vehículos	Teléfonos
1975	7 pesetas (= 0,047 €)	6 pesetas (= 0,036 €)	7.018.906	7.835.970
2000	135 pesetas (= 0,813 €)	135 pesetas (= 0,813 €)	21.306.500	16.287.000
2002	90 céntimos (= 150 ptas.)	90 céntimos (= 150 ptas.)	21.715.164	17.340.200

b) **Vas a oír varios números. Compara si los números que escuchas son los mismos que tienes arriba.**
Du hörst einige Zahlen. Überprüfe, ob diese mit den oben stehenden Zahlen übereinstimmen.

—En 1975, en España hay 36.813.680 habitantes.
—No, no es correcto, en 1975 hay 35.813.680 habitantes.

—En 1975, el pan cuesta[1] 8 pesetas.
—Sí, es correcto.

c) **Lee a tu compañero/a estas cifras. Tu compañero/a te corrige si es necesario. Si tenéis dudas, podéis preguntar a vuestro profesor o profesora.**
Lies deinem Partner / deiner Partnerin diese Zahlen vor. Verbessert euch gegenseitig. Fragt euren Lehrer / eure Lehrerin, wenn ihr unsicher seid.

d) **Busca en libros / Internet, etc. datos sobre tu propio país y preséntalos en clase.**
Suche in Büchern / Internet usw. statistische Daten zu deinem Land und stelle sie der Klasse vor.

4.12 Hace muchos años

a) **Lee el texto.**

Soy Azahara, tengo 14 años y vivo en Córdoba, cerca de la Mezquita. En Córdoba viven unas 300.000 personas. Me gusta ir a la biblioteca y al Zoco. Tengo 7 hermanos. Mi padre se llama Abdul y tiene 2 esposas. Hacemos la vida en el patio, que es el centro de la vida familiar. En la casa no tenemos muchos muebles. Por la noche usamos velas y nos vamos a dormir pronto. Comemos mucho trigo, sémola, lentejas y mucha fruta, pero poca carne. Si tengo sed, bebo agua de una de las 800 fuentes que hay en Córdoba. Voy a casarme y mi padre va a firmar el contrato y a consultar a un astrólogo para fijar el día de la boda. Mi futuro esposo tiene 18 años y su familia es rica.

b) **Marca todas las palabras que conoces. Usa diferentes colores para los substantivos, adjetivos y verbos. ¿Qué palabras entiendes por el contexto? ¿Qué palabras tienes que buscar en el diccionario?**
Markiere alle Wörter, die du kennst. Benutze unterschiedliche Farben für Substantive, Adjektive und Verben. Welche Wörter kannst du aus dem Zusammenhang erschließen / musst du nachschlagen?

c) **Basándote en el texto, escribe las palabras que relacionas con *familia, casa* o *alimentación*.**
Schreibe anhand des Textes die Wörter auf, die du mit familia, casa oder alimentación verbindest.

d) **Busca material sobre la familia (fotos, anuncios, etc.) y haz un collage.**
Suche Bildmaterial über die Familie und mache eine Collage.

[1] cuesta (*inf.* costar): kosten

5.1 Agua – Hundido ▶ G 4.8

A cada barco le pones uno de los números de abajo. Tu compañero/a también. Ahora tienes que acertar qué número tienen los barcos de tu compañero/a. Si aciertas, él / ella dice "hundido". Si no aciertas, él / ella dice "agua". Ha ganado el primero que hunda los cuatro barcos.
Du gibst jedem Schiff eine der unten angegebenen Nummern, dein Partner / deine Partnerin ebenso. Ihr müsst nun gegenseitig die Nummern eurer Schiffe erraten. Bei einem Treffer sagt ihr „hundido", sonst „agua". Wer zuerst alle vier Schiffe des anderen versenkt, hat gewonnen.

105
—Tu barco es el número ciento cinco.
—No, agua. / Sí, hundido.

209 923 1.301 5.553 1.329.400 675 4.980 5.257.200 721 871 56.322
44.333 17.578 909 62.298 666 745 58.000.000 117 1.154 233. 000

5.2 Reflexionando ▶ G 5.1

a) Rellena con el verbo y la forma adecuada.

afeitarse | arreglarse | decidirse | ducharse | hacerse | lavarse | levantarse | mirarse | sentarse

1. ¿(Tú) ______________ a ir a España en las vacaciones?
2. Julia y Bettina pronto ______________ amigas.
3. Borja ______________ todos los días y, como es joven, todavía no tiene que ______________.
4. (Nosotros) ______________ a la mesa.
5. Mañana ______________ a las 6 h porque tienen que salir a las 7 h.
6. ¿Vosotros también ______________ los dientes dos veces al día?
7. Pablo y Toño ______________ y ______________ al espejo antes de salir.

b) Inventa 6 frases en español con los verbos reflexivos de arriba. En cada tarjeta (cara A) escribes una frase. Atrás, en la cara B, apuntas la traducción alemana de la frase. Tu profesor/a corrige las frases. Después él / ella reparte las tarjetas mezclándolas. Ahora traduces tú al castellano las frases alemanas que te han tocado.
Puedes controlar si tu traducción es correcta, comparándola con la frase en español de la tarjeta.
Formuliere sechs Sätze auf Spanisch mit den oben angegebenen reflexiven Verben und schreibe sie jeweils auf eine Karte. Auf die Rückseite (Seite B) schreibst du die deutsche Übersetzung. Dein Lehrer / Deine Lehrerin korrigiert die Sätze und verteilt sie neu. Nun übersetzt du die deutschen Sätze ins Spanische. Du kannst überprüfen, ob deine Übersetzung richtig ist, indem du das Kärtchen umdrehst und vergleichst.

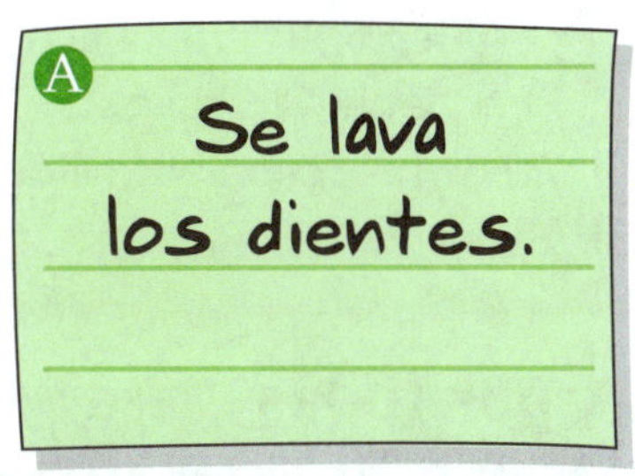

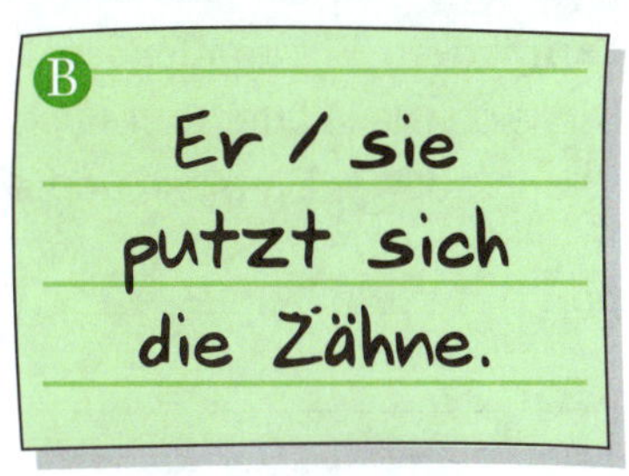

5.3 Tienes que esperarme ▶ G 5.2 / 5.3

a) ¿Qué pronombre falta en los diálogos?
Welches Pronomen fehlt in den Dialogen?

1.
—Papá, ¿Dónde están las llaves del coche?

—¿Para qué ____ quieres?

—Para ir con Bettina al centro.

—No sé dónde están, tienes que buscar____.

—Jo, papá, siempre ____ tengo que buscar yo.

2.
—Bettina, ¿sabes ya dónde está la escuela de idiomas?

—No, sé el nombre de la calle, pero no sé dónde está, ____ estoy buscando en el plano.

—No tienes que buscar____, yo ____ acompaño luego hasta allí. No está lejos.

3.
—¿Estás estudiando, Bettina?

—Sí, mañana tengo un examen y todavía no sé las palabras. Tengo que aprender____.

—Si quieres, ____ aprendemos juntas. Yo ____ leo en alemán y tú ____ dices en castellano.

—¿En alemán? Tú no sabes decir____ bien en alemán.

—Si ya ____ sé, pero tú seguramente ____ entiendes.

4.
Julia está buscando el mando de la tele, pero no ____ ve. Pregunta a su hermano.

—Borja, ¿dónde está el mando de la tele? ¿____ tienes tú?

—No, yo no.

5.
—¿Cuándo vas a invitar a tus amigos a tu cumpleaños?

—Hoy por la tarde voy a llamar____ por teléfono.

b) Marca en los diálogos las estructuras dónde sería posible colocar el pronombre antepuesto o pospuesto. Repite la estructura en la otra versión.
Streiche die Strukturen an, bei denen das Pronomen sowohl voran- als auch nachgestellt werden kann. Wiederhole den Satz mit der neuen Variante.

5.4 A por todas ▶ G 5.6

Apunta todas las palabras y expresiones que relacionas con *por* y con *para*. Compara con tu compañero/a y añade si te faltan algunas.
Schreibe alle Wörter und Ausdrücke auf, die du mit por und para verbindest. Vergleiche mit deinem Partner/deiner Partnerin und ergänze gegebenenfalls.

por: ____

para: ____

5.5 ¿Por mí o para mí? ▶ G 5.6

Rellena las lagunas con *por* o con *para* y di en qué se basa tu decisión.
Setze por oder para ein und begründe deine Entscheidung.

1. No van a trabajar hoy mucho ________ el calor.
2. ¿Hacemos hoy una tortilla ________ la comida?
3. ¿Vais a Madrid ________ la autopista?
4. ________ ganar dinero trabajan también los sábados ________ la tarde.
5. Llama a Toño ________ teléfono ________ invitarlo a la fiesta.
6. Muchas gracias ________ todo.
7. Vamos a hacer un curso ________ aprender español.
8. ________ mí no es normal tomar té en las comidas.
9. Bettina pregunta a una chica ________ la calle Manolete.
10. Voy a cambiar este cedé de música clásica ________ uno de rock.
11. ¿Cuánto tienes que pagar ________ el viaje?

5.6 Somos ordenados ▶ G 5.7

a) **Ordena estos verbos según las siguientes categorías.**
Ordne diese Verben in die folgenden Kategorien ein.

abrir · bailar · buscar · coger · despertarse · encender · entender · enviar · escribir · ver · estar
estudiar · hablar · hacer · ir · leer · oír · tener · pensar · poner · saber · sentarse · ser · subir

regulares	alguna irregularidad[1]	con diptongo

b) **Marca la raíz y la terminación con dos colores diferentes. Al conjugar los verbos ¿qué cambios hay?, ¿cuándo y dónde cambia algo?**
Markiere Stamm und Endung mit zwei verschiedenen Farben. Welche Veränderungen fallen dir bei der Konjugation auf?

[1] alguna irregularidad: irgendeine Unregelmäßigkeit

5.7 ¿En qué piensas?

Tira el dado, avanza en el tablero tantos cuadros como ojos marca el dado y di la forma del verbo. Si no sabes la forma, retrocede dos cuadros y consulta la tabla de conjugación.

Würfle und rücke auf dem Spielfeld entsprechend der gewürfelten Augenzahl vor. Nenne die richtige Verbform. Wenn du sie nicht weißt, gehst du zwei Felder zurück und schlägst in der Konjugationstabelle nach.

Salida

1. (nosotros) poner la tele
2. (yo) no entender
3. (tú) comenzar a leer
4. (ellos) cerrar los libros
5. ¿(usted) estar cansado/a?
6. STOP 1x
7. ¿(vosotras) levantarse a las seis?
8. (yo) hacer un viaje
9. (yo) dar una vuelta
10. a mí me gustar bailar
11. STOP 1x
12. (ellos) entender español
13. +3
14. ¿(usted) no decir nada?
15. –5
16. (yo) oír música
17. (ella) ducharse en casa
18. STOP 1x
19. ¿(ustedes) querer salir?
20. (nosotros) cerrar la puerta
21. (nosotros) sentarse en el sofá
22. (yo) saber idiomas
23. salida
24. ¿(vosotros) ducharse todos los días?
25. STOP 1x
26. (ellos) comenzar a las nueve
27. (nosotros) estar contento/a
28. (yo) encender la tele
29. (ellos) no decir nada
30. Llegada

6 11 18 25 = Pasa una vez.
13 = Avanza tres casillas.
15 = Retrocede cinco casillas.
23 = Vuelve a la salida.

5.8 ¿Lo necesitas o no?

Tu compañero/a te dice cinco cosas. Tú decides lo que necesitas o no.
Dein Partner / deine Partnerin nennt fünf Begriffe. Du entscheidest, was du brauchst oder nicht.

moto
—¿Necesitas una moto?
—Sí, la necesito porque no tengo coche.

—¿Necesitas una moto?
—No, no la necesito. Voy siempre en bicicleta.

móvil | cedés | libros | bicicleta | coche | equipo de música | vacaciones

amigos | amigas | cama | armario | televisión | mesa | teléfono | revistas

5.9 Hay no es estar ▶ G 5.5

a) Mira y compara las siguientes frases. ¿Cuándo se emplea *hay* y cuándo *está / están*?
Wann verwendet man hay und wann está / están?

Hay
En la plaza hay mucha gente.
En la fiesta hay dos chicos alemanes.
En la habitación hay una mesa y una cama.
Aquí hay tres guitarras.
En Trujillo hay fiesta mañana.
En mi clase hay chicos y chicas.
¿Hay muchos chicos en la calle?

Regeln: ______________________________
____
____
____

Estar
La gente está en la plaza.
El amigo de Maite está en la fiesta.
Sus amigas están en la plaza.
¿Dónde están las guitarras?
Los chicos y las chicas están en la fiesta.
Pablo está en clase.
Mi casa está en el centro.

Regeln: ______________________________
____
____
____

b) Rellena las lagunas con *hay* o *estar*.

1. ¿Dónde __________ el regalo de Graciela?
2. En el colegio __________ muchos libros
3. En la plaza __________ música.
4. Sus papás no __________ en casa.
5. Graciela __________ en el Perú.
6. ¿__________ un mensaje para mí?
7. Tus cedés __________ en la habitación de Pablo.
8. En la fiesta de Trujillo __________ chicas de fuera.
9. Este año __________ un viaje de fin de curso muy interesante.

5.10 ¿Hay o no hay? Y si hay, ¿dónde está? ▶ G 5.5

Tú y tu compañero/a hacéis diálogos como en el ejemplo.

—¿Dónde están las llaves?
—En …

—¿Hay un restaurante por aquí?
—Sí.
—¿Dónde está?
—Está …—

5.11 Por favor

a) **En los textos aparecen formas que usamos para mandar (imperativo) o pedir. Aquí tienes algunas. Si miras la forma del verbo, ¿qué te llama la atención? ¿Con qué otra forma del verbo es idéntica? Di la forma del infinitivo.**

In den Texten kommen immer wieder Befehls- bzw. Aufforderungsformen vor. Hier werden einige aufgeführt. Was fällt dir auf, wenn du dir die Verbform genau anschaust? Mit welcher anderen Verbform stimmt sie überein? Schreibe den Infinitiv daneben.

sube, hija, **sube**

pasa, pasa

perdona

mira, tú tomas la primera calle a la izquierda

dame el mando

espera un momento

anda, cierra el agua

oye, oye, guapa

b) ¿Puedes formular tú ahora un imperativo o petición con los siguientes verbos?
Kannst du nun mit folgenden Verben einen Befehl bzw. eine Aufforderung bilden?

escribir la dirección ______________________

llamar por teléfono ______________________

beber agua ______________________

subir en el ascensor ______________________

abrir la puerta ______________________

5.12 Mi entorno

Dibuja en una hoja tu entorno personal: Las calles, tiendas, bares, restaurantes, parques, etc., y explica a tus compañeros/as dónde vives, qué hay cerca …
Skizziere die Umgebung deiner Wohnung mit Straßen, Kneipen, Restaurants, Parks usw. und erkläre, wo du wohnst, was in deiner Nähe ist …

5.13 Vaya pisito

a) Apunta en el plano los nombres de las habitaciones y del mobiliario. Si no conoces una palabra, pregunta a tu profesor / tu profesora o consulta el diccionario.
Schreibe die Namen der Zimmer und der Einrichtung im Plan auf. Wenn du ein Wort nicht kennst, frage deinen Lehrer / deine Lehrerin oder schaue im Wörterbuch nach.

b) Conversa con tu compañero/a.
—¿Dónde están las cosas?
—¿Qué se hace en …?
—¿Qué diferencias hay si comparas con tu piso?

c) Dibuja un plano con tu piso o tu casa ideal y explícaselo a tu compañero/a.

5.14 Muy importantes

Apunta todas las expresiones que asocias con estos dos verbos, compara con tu compañero/a y añade las expresiones que te faltan.
Schreibe alle Ausdrücke auf, die du mit den beiden Verben verbindest, vergleiche mit deinem Partner / deiner Partnerin und ergänze.

5.15 Una vuelta por Córdoba

a) Bettina y Julia salen por la tarde a dar una vuelta por Córdoba. Escucha el diálogo y contesta las preguntas. No tienes que entender todas las palabras.
Bettina und Julia machen abends einen Spaziergang durch Córdoba.

1. ¿Qué tiempo hace en Córdoba en verano?
2. ¿A Bettina le gusta Córdoba?
3. ¿Qué es la Mezquita ahora?
4. ¿Cuándo quieren ir a ver la Mezquita? ¿A qué hora?
5. ¿Qué hacen después?

b) Compara tus respuestas con las de tu compañero/a. ¿Tenéis las mismas respuestas?

c) Ahora os imagináis que Bettina y Julia están en el bar hablando y elaboráis un diálogo sobre uno de los siguientes temas. Después presentáis este diálogo a vuestros compañeros/as.
Bettina und Julia unterhalten sich in einer Bar über eines der folgenden Themen. Wie könnte ihr Dialog lauten? Spielt ihn vor.

- la familia de Bettina
- los amigos de Bettina
- el novio de Julia
- el tiempo en Alemania / en Suiza / en Austria
- la ciudad de Múnich
- ...

d) En guías turísticas, libros, Internet, etc. hay muchísima información sobre Córdoba. Vas a buscar información sobre esta ciudad: lugares de interés turístico, exposiciones, conciertos, bares, restaurantes, etc. y vas a presentar tus datos a tus compañeros/as.
Sucht in verschiedenen Quellen Informationen über Córdoba und stellt sie im Unterricht vor.

Unidad 6

6.1 En cada país, sus costumbres

¿Cómo es en tu país? Contrasta la información.

1. En España las clases empiezan a las 9 y algunos días hay clase por la tarde.
2. En España los cursos son mixtos[1], de chicos y de chicas.
3. Las vacaciones en España empiezan en julio y terminan a mediados de septiembre[2].
4. Los jóvenes en España y en Latinoamérica que hacen el bachillerato lo hacen después de doce años de colegio.
5. En España, en México o en la Argentina la enseñanza primaria y la secundaria es para todos igual.
6. Muchos niños pequeños en España llevan sus libros en un carrito.
7. Todos los años, los alumnos que no aprueban todas las asignaturas en junio, pueden examinarse otra vez en septiembre.
8. La mejor nota en España es el diez [10] y la peor el cero [0].
9. El mes de junio es en España un mes duro para los alumnos porque hay muchos exámenes.
10. En España los alumnos tienen que comprar todos los libros que necesitan para el colegio.

6.2 Un girasol de palabras

Escribe aquí todas las palabras (sustantivos, adjetivos, verbos) que relacionas con los siguientes términos y formula luego una frase con una palabra de cada campo.

| En el colegio, antes de las vacaciones, tenemos que hacer exámenes en todas las asignaturas.

colegio

vacaciones

exámenes

asignaturas

6.3 Eso no, sino todo lo contrario

Fíjate lo que hacen estos chicos y chicas y di tú lo contrario.

1. Los chavales *bajan del* autobús.
2. *Entran en* el colegio gritando.
3. Las chicas *salen* por *otra* puerta.
4. La *salida* es a las ...
5. Casi *nunca* nos vemos en el colegio.
6. *Después del* recreo tienen un examen.
7. Hoy *no* falta *nadie*.
8. Dos o tres *sacan* la calculadora *de* la mochila.
9. *Todos* quieren *aprobar* el examen.
10. El profesor les pone *un diez*.

---

[1] mixto/a: gemischt
[2] a mediados de sieptembre: Mitte September

6.4 Cada oveja con su pareja

¿Qué haces en estos casos? Relaciona los sustantivos con los verbos y forma frases en presente, en futuro próximo o en pasado inmediato.

aprobar | copiar | dar clase | escribir | hacer | jugar | meter | pasar | subir | sentarse

el sofá ⟶ sentarse
El sofá es para sentarse. Yo me siento en el sofá. ¿Tú también te vas a sentar?

1. un bolígrafo
2. una chuleta
3. la mochila
4. los exámenes
5. el recreo
6. el autobús
7. las vacaciones
8. el bachillerato
9. el profesor

6.5 ¡Qué comparaciones!

a) Formula minidiálogos como los siguientes. Concluye el diálogo usando al final diferentes estructuras de comparación.

tener nota — un 8 – un 5
—¿Qué nota tienes?
—Yo un 8 ¿y tú?
—Yo sólo un 5.
—Ah, pues entonces tengo yo *mejor* nota *que* tú.
—Ah, pues tú no tienes *tan buena* nota *como* yo.
—Ah, pues tu nota es *peor que* la mía.

1. nadar horas al día	Chelo 1 – Christian 2
2. haber chicos en tu curso	12 – 14
3. tener horas de clase	los martes 6 – los jueves 4
4. ser asignatura difícil para ti	las matemáticas mucho – lengua poco
5. tener amigos	3 – 5

b) Reacciona a las siguientes afirmaciones con una frase usando una estructura de comparativo.

Mi amigo Paco habla el inglés regular, pero él cree que lo habla bien.
Mi amigo Paco habla el inglés *peor de lo que* él cree.

1. Mariano copia mucho, pero él dice que copia poco.
2. El español es fácil, algunos creen que es difícil.
3. Mi hermana habla mucho por teléfono, pero ella dice que habla poco.

6.6 ¡Qué comparaciones! ▶ G 6.5

Formula una comparación. Usa diferentes estructuras de comparativo.

> Yo tengo un 8 y tú tienes un 5. – nota
> Yo tengo mejor nota que tú.
> Tú tienes peor nota que yo.
> Tú no tienes tan buena nota como yo.

1. Chelo nada una hora al día, Christian nada dos. – horas
2. Primero de ESO es fácil, pero tercero es muy difícil. – primero de ESO
3. En mi curso hay 12 chicos, en el curso de mi hermano sólo 10. – chicos
4. Hoy tenemos seis horas, mañana tenemos sólo 4. – clases
5. Los mayores estudian mucho, los pequeños no. – estudiar
6. En junio hay muchos exámenes, en septiembre pocos. – exámenes
7. Marino copia mucho, pero él dice que copia poco. – copiar
8. Las matemáticas de tercero son difíciles, algunos creen que no. – las matemáticas de 3º

6.7 Preguntando se va a Roma

¿Cómo formulas una pregunta en estos casos?

1. Tú quieres comprar algo, pero no sabes el precio.

____

2. Quieres jugar a algo, pero necesitas a otro. Preguntas a Carlos.

____

3. Tu hermano sale de casa, tú quieres saber a qué hora va a volver.

____

4. Quieres verte con tus amigos, pero no sabes el lugar donde vais a encontraros.

____

5. Tú estás en casa de alguien y quieres ver la tele y preguntas con educación.

____

6.8 ¿Qué me cuentas?

Completa las formas de los verbos.

	jugar			
		apruebo		
cuentas				
			se sienta	
				empezamos

6.9 Me interesa mucho ▶ G 5.2 / 6.3

Completa la información con los pronombres.

1. Paula está copiando. Si el profesor ________ pilla, ________ va a poner un cero.
2. Todos los chicos tienen calculadora, pero ________ tienen en la mochila, el profesor no ________ permite usar________.
3. A estas chicas no ________ gustan tanto las matemáticas como a nosotros.
4. Los chicos están sentados en su sitio y el profesor ________ entrega la hoja con los problemas.
5. Los pequeños recogen los libros y ________ meten en la mochila.
6. Este examen a todos ________ parece difícil, necesitan la calculadora para hacer________.
7. A mi hija no ________ puede usted ni hablar durante los exámenes. Está insoportable.
8. Tengo que estudiar, ________ quedan dos asignaturas pendientes y quiero aprobar________ en septiembre.

6.10 No es tan listo como él cree

Establece las comparaciones entre estos dos amigos.

Marino es más alto que Cristian.

Cristian

1,80 m
65 kilos
dos hermanos
saca buenas notas
estudia mucho
habla regular inglés
hace poco deporte
tiene muchos amigos
le gusta la música

Marino

1,85 m
73 kilos
un hermano
saca notas regulares
estudia mucho
habla bien inglés
hace mucho deporte
tiene muchos amigos
le gustan los deportes

6.11 Dilo en castellano

1.
– Kann mir jemand sagen, wann die Prüfung ist?
– Ja, die Prüfung ist in der Stunde nach der Pause.
2.
– Kommen sie nicht mit zum Schwimmen?
– Nein, sie haben nie Zeit, schwimmen zu gehen.
3.
– Warum sagt ihr nichts?
– Weil wir nichts darüber wissen.
4.
– Welche Note hast du?
– Ich habe eine eins, und du?
– Ich weiß es noch nicht.
5.
– Ich schreibe bei den Prüfungen nie ab.
– Ich schon (=ja), vor allem bei Matheprüfungen.
6.
– Können wir anfangen, sind alle da?
– Ja, es sind alle da, es fehlt niemand.
– Gut, dann fangen wir an.
7.
– Magst du dieses Fach?
– Ja, dieses Fach mag ich sehr.
– Ich nicht, ich mag es überhaupt nicht.

6.12 Un tema polémico

a) Escucha esta minientrevista.

b) Apunta si la información es correcta o no.

	correcto	falso
1. El señor de la encuesta[1] se llama Adolfo García Carrasco.	☐	☐
2. Tiene dos hijos.	☐	☐
3. Sus hijos van a un colegio público.	☐	☐
4. Par él los colegios privados son mejores.	☐	☐
5. Para él el uniforme[2] es algo pasado de moda[3].	☐	☐
6. Según él, las chicas discuten con su mamá por la ropa[4].	☐	☐
7. Para él la enseñanza con chicos y chicas juntos es mejor.	☐	☐
8. Según él, los chicos y las chicas avanzan[5] a igual ritmo.	☐	☐
9. Según él, entre los 12 y los 15, chicos y chicas tienen los mismos intereses.	☐	☐
10. Él sabe mucho del tema "notas".	☐	☐

c) Corrige las informaciones falsas.

____

____

____

____

____

____

____

---

[1] la encuesta: Umfrage
[2] el uniforme: Uniform
[3] pasado/a de moda: veraltet
[4] la ropa: Kleidung
[5] avanzar: Fortschritte machen, sich entwickeln

7.1 Hablando se entiende la gente

Contesta las preguntas.

Los planes para el fin de semana

1 ¿Qué hace Elena en Madrid?
2. ¿Vive en un hotel?
3. ¿Por qué le gusta Madrid?
4. Elena hace una lista, ¿qué escribe en la lista?

¿Qué comemos hoy?

1. ¿Qué cosas podemos comprar en un mercado?
2. ¿Qué es un vegetariano?
3. ¿Por qué se ha hecho Elena vegetariana?

7.2 ¡Qué preguntas!

Vosotros queréis saber cosas y hacéis preguntas sobre el texto "Elena de compras". Formuláis por parejas tres preguntas. Luego, con los libros cerrados, cada pareja contesta las preguntas que ha formulado otra pareja.

—¿En qué tienda entra Elena y por qué?

7.3 ¿Qué hago primero?

Escribe los días de la semana y las cosas que haces en dos de esos días.

Día	**Actividades**
1. el lunes	Yo, los lunes por la mañana, voy al colegio. Por la tarde, después de comer, hago los deberes. Luego voy a jugar al baloncesto. Antes de cenar, estudio un poco. Después de cenar veo la tele, navego por Internet o leo un libro. Normalmente no me acuesto[1] antes de las diez de la noche.
2. ______	______
3. ______	______
4. ______	______
5. ______	______
6. ______	______
7. ______	______

[1] acostarse (ue): zu Bett gehen

7.4 Con tus propias palabras

Busca en los textos del libro "Los planes para el fin de semana" y "¿Qué comemos hoy" (página 80) las palabras que corresponden a las siguientes explicaciones y escríbelas aquí.

1. Es *la hermana de tu padre.* Es la tía.
2. Está *sólo unos días en* Madrid. ______
3. Hay *casas muy bonitas.* ______
4. Las *calles* son *muy anchas.* ______
5. Después de *algún tiempo* ... ______
6. Quiere *caminar un poco* por Madrid. ______
7. *Toma asiento* en un bar y *bebe algo.* ______
8. ¡Yo no sé! ¿*Tú qué opinas*? ______
9. Ahora *soy vegetariana.* ______
10. He visto algunos *informes* en la tele. ______
11. Entonces tienes que *comprar tú las cosas.* ______

7.5 Vuelvo en seguida ▶ G 7.1

a) Elena vive con su amiga Estrella en un piso. A veces no se ven. Si tienen algo que comunicarse, se dejan una nota. Completa la información en las siguientes notas con una forma del verbo *haber*.

1.

______ llamado Manolo.
______ dicho que viene a buscarte
hacia las seis.

2.

Elena, ______ ido al mercado.
Yo lo traigo todo. Cenamos juntas, ¿vale?
¿Qué tal el examen, lo ______ hecho bien?

3.

______ estado aquí Juan y Andrés.
Lo ______ (nosotros) pasado muy
bien. Si pueden, vuelven mañana.

4.

Vuelvo en seguida,
______ salido a dar una vuelta.
¿______ visto mis gafas de sol?
No las encuentro.

b) Escribe tú ahora una nota para un amigo o una amiga, para tus hermanos, para tus padres, etc.

7.6 Hoy todo ha sido diferente en tu vida ▶ G 7.1

Tu compañero/a te pregunta y tú contestas como en el ejemplo.

—¿A qué hora te levantas normalmente?
—Normalmente a las 7.
—Y hoy también, claro.
—No, hoy me he levantado a las 9, porque no tengo colegio.

normalmente es así	**hoy / esta mañana ha sido así**
ducharse después de levantarse	no, levantarse tarde
ir en metro a la universidad	en bicicleta – buen tiempo
desayunar – 7.30	no
salir por las tardes	no, muchos exámenes
jugar al fútbol – dos veces	no, enfermo[1]

7.7 ¿Para qué sirven?

Aquí tienes algunos aparatos que usamos en la casa. Formula una frase indicando para qué son o para qué los usamos.

la nevera

la lavadora

la cafetera

el televisor

el equipo de música

el ordenador

[1] enfermo/a (estar): krank

7.8 El que no come, no vive

Escribe todo lo que asocias con cada uno de estos temas.

cosas que tú comes y bebes

cosas que no te gustan comer ni beber

7.9 Cuéntame, ¿dónde has estado? ▶ G 7.1

a) Cuando Elena regresa de dar una vuelta por Madrid, su tía quiere saber muchas cosas. Elena le cuenta. Escucha el CD y completa el texto de Elena poniendo los verbos que faltan en el tiempo en que los oyes.

Tía: Anda, cuéntame dónde ____________________ y qué ____________________ .

Elena: Bueno, pues primero ____________________ una vuelta por el Retiro, luego me ____________________ en la terraza de un bar, ____________________ un refresco, ____________________ el periódico y me ____________________ una lista de las cosas que quiero hacer. Sabes, tía, me gustaría hacer tantas cosas, que no sé por dónde empezar.

Tía: ¡Claro, ____________________ para tan poco tiempo!

Elena: Ya lo sé, pero no puedo estar más días, tía, compréndelo. Me he apuntado a un curso de baile[1] y empieza el lunes que viene.

Tía: Bueno, y ¿me puedes explicar por qué te ____________________ vegetariana? Es que no lo puedo comprender, porque yo sé que a ti siempre te ____________________ mucho la carne.

Elena: Ay, tía, ¡qué pesada eres! Yo me ____________________ vegetariana porque ____________________ algunos reportajes en la tele sobre la carne, ____________________ mucho del tema con mis amigas y ____________________ que para mí es mejor no comer carne.

Tía: Claro, por eso estás ahora tan delgada, ¿cuántos kilos has perdido[2] desde que te ____________________ vegetariana?

Elena: Pues no muchos, dos o tres.

---

[1] apuntarse a un curso de baile: sich zu einem Tanzkurs anmelden
[2] perder kilos: abnehmen

Tía: Sí, ya se ve que la ropa te queda un poquito grande.

Elena: A propósito de ropa. ____________________ en los escaparates cosas muy bonitas, ¿por qué no vienes conmigo de compras, tía? Ahora, en las rebajas, todo cuesta un poquito menos.

Tía: No sé ... ¿Por qué no llamas a tu amiga Sara y vas con ella?

b) Escucha y mira otra vez el texto y marca todas las expresiones que caracterizan este texto como diálogo (marcadores del discurso).

anda ... bueno, pues ...

7.10 En directo y sin formalismos ▶ G 7.3

Imagina que quieres algo. Formula tu deseo en imperativo (tú) combinando el verbo con el deseo adecuado. Tu compañero/a te pregunta la razón. Tú le das una explicación.

dar la dirección de correo electrónico de Pablo
—Dame la dirección de correo electrónico de Pablo, anda. Es que él todavía no me la ha dado.
—¿Y para qué la quieres?
—Es que tengo que mandarle un e-mail.
—Bueno, luego te la doy.

pasar *(mir)* – el mando de la tele
subir – las cosas a tu habitación
hablar *(mit ihr)* – más despacio
escribir *(ihnen)* – en inglés
comer – más fruta
traer – sólo verduras
cerrar – la puerta
contar *(uns)* – dónde has estado

¿para qué ...? — es que ...
¿por qué? — es que ...

7.11 A veces hay que hablar así ▶ G 7.3

Expresa tus deseos con un imperativo usando el verbo señalado entre paréntesis.

1. Tu amigo nunca hace deporte. (hacer)
____
2. Tu hermana no pone el programa que tú quieres ver en la tele. (poner)
____
3. La puerta está abierta y tu perro[1] Nero se ha ido. (venir aquí)
____
4. Tu amiga no va nunca contigo al cine[2]. (ir al cine)
____
5. Tu amigo no te dice si va a salir contigo el fin de semana. (decir)
____

[1] el perro: Hund
[2] el cine: Kino

7.12 Por ti hago cualquier cosa

Trabaja con tu compañero/a. B tapa la parte izquierda y responde a las preguntas.
A formula las pregungas y controla si la respuesta es correcta.

A	B
—¿Qué te parece si hacemos una tortilla? —¿Para cenar? Por mí, encantada, me gusta mucho.	—¿_______ cenar? _______ mí, encantada, me gusta mucho.
—¿Vas a Madrid en coche o en tren? —En coche. Ahora por la autovía se va muy bien.	—En coche. Ahora _______ la autovía se va muy bien.
—¿Vas a ir de compras conmigo? —Sí, por la tarde, a las cuatro o así. —Pues, lo siento, pero hasta las cinco y media están cerradas. —Ah sí, claro. Gracias por decírmelo. Entonces las dejo para otro día.	—Sí, _______ la tarde, a las cuatro o así. —Ah sí, claro. Gracias _______ por decírmelo. Entonces las dejo _______ otro día.
—¿Qué hacemos esta tarde? —Podemos dar una vuelta por el centro para ver qué ropa hay en los escaparates.	—Podemos dar una vuelta _______ el centro _______ ver qué ropa hay en los escaparates.
—¿Te has hecho vegetariana? ¿No te gusta la carne? —Sí, me gusta la carne, pero me he hecho vegetariana por principio y por motivos de salud.	—Sí, me gusta la carne, pero me he hecho vegetariana _______ principio y _______ motivos de salud.
—No tenemos pan. —Bueno, luego paso yo por el mercado y lo compro.	—Bueno, luego paso yo _______ el mercado y lo compro.
—Elena, al teléfono. —¿Para mí? ¿Y quién pregunta por mí?	—¿_______ mí? ¿Y quién pregunta _______ mí?
—¿Has sacado ya las entradas? —Sí, para el sábado. He sacado también una para Juanjo. Luego pasamos por su casa y se la damos.	—Sí, _______ el sábado. He sacado también una _______ Juanjo. Luego pasamos _______ su casa y se la damos.
—¿Les has dado las gracias a tus tíos? —Sí, claro, les he dado las gracias por todo lo que han hecho por mí. Para mí han sido unos días muy agradables en Madrid.	—Sí, claro, les he dado las gracias _______ todo lo que han hecho _______ mí. _______ mí han sido unos días muy agradables en Madrid.

7.13 Al completo ▶ G 5.2 / 6.3 / 7.4

Completa el texto con los pronombres correspondientes.

1. Elena ha comprado muchas cosas y su tía quiere ver ______. Elena ______ ______ enseña.
2. A Elena ______ encanta ir a Madrid. Su tía ______ ha invitado a pasar unos días.
3. ¿Qué cosas has comprado?, ______ pregunta su tía. Anda, enséña______‿______ .
4. Elena ha visto en el escaparate una blusa que ______ gusta. Entra en la tienda y ______ mira. Es muy bonita. Antes de comprar______ , quiere probár ______‿______. Va al probador y ______ ______ prueba.
5. Yo quiero saber dónde has estado, dí______‿______.
6. Hace frío, creo que debes poner ______ un jersey si vas a salir a dar una vuelta. Toma, pon ______ este.
7. —¿Qué desean ustedes?
   —Tráiga______ un refresco para mí y un zumo de naranja para ella.
   —En seguida ______ ______ traigo.
8. Elena quiere ver a su amiga Sara. ______ llama por teléfono y ______ dice que está en Madrid. ______ pregunta cuándo pueden verse.

7.14 Dialoga con tu compañero/a

Tú sales con tu amiga y por el camino habláis de todo un poco.

A: Du hast erfahren, dass deine Freundin B Vegetarierin geworden ist und fragst warum. →

→ B: Antworte auf die Frage.

A: Du äußerst dein Erstaunen, denn B hat immer sehr gerne Fleisch gegessen. →

→ B: Begründe deine Entscheidung.

A: Du merkst, dass B schlanker geworden ist und fragst, ob es wegen dieser Entscheidung ist. →

→ B: Antworte auf die Frage.

A: Du siehst im Schaufenster ein Kleid, das dir gefällt, und fragst B nach ihrer Meinung. →

→ B: Sage deine Meinung.

A: Du findest, die Kleidung, die deine Freundin trägt sehr chic und fragst danach (wann, wo gekauft, Preis, usw.) →

→ B: Gib Auskunft.

A: Du hast Durst und schlägst vor, etwas trinken zu gehen. →

→ B: Reagiere darauf.

7.15 **Buen oído**

Situación A: De compras

a) Escucha el siguiente diálogo.

Vocabulario
la boda: Hochzeit
casarse: heiraten
combinar: kombinieren
variar: (ab)wechseln
tapas: Kleinigkeiten zum Essen in Kneipen

b) Marca en las siguientes respuestas la información correcta según el texto que has oído.

1. Entran en una tienda que tiene
   - ☐ ropa moderna y cara ☐ ropa de moda para jóvenes ☐ ropa moderna y barata
2. Elena dice
   - ☐ que no le importa el dinero ☐ que lleva poco dinero ☐ que necesita más dinero
3. Sara quiere comprarse algo porque lo necesita para
   - ☐ una fiesta ☐ una boda ☐ un viaje
4. Elena quiere comprarse un conjunto traje-pantalón
   - ☐ porque es más barato ☐ porque es más práctico ☐ porque es más elegante
5. Sara opina que Elena puede combinar el traje-pantalón
   - ☐ con una blusa o una camisa ☐ sólo con una camisa ☐ sólo con una blusa
6. Elena se decide a comprar el traje-pantalón porque sólo cuesta
   - ☐ 155 euros ☐ 165 euros ☐ 175 euros

Situación B: De tapas

c) Ordena el siguiente texto.

☐

Camarero: Hola, ¿qué vais a tomar?
Elena: ¿Qué tienes de tapas?

☐

Camarero: Muy bien. Si queréis, también os puedo hacer unas gambas a la plancha[1]. ¡Están riquísimas!
Elena: Ah, pues sí, ponnos también unas gambas.

☐

Sara: ¡Qué chico más agradable!
Elena: Sí, y además está muy bien. Seguro que ya tiene novia. Siempre que veo un chico que me gusta, tiene novia. ¡Tengo más mala suerte[2]!

☐

Camarero: Muchas cosas: calamares fritos[3], patatas bravas[4], ensaladilla rusa[5], pincho de tortilla[6], ...
Elena: Pues mira, a mí me pones unas patatas bravas.
Sara: Y a mí un pincho de tortilla.

☐

Camarero: Aquí tenéis, guapas. ¡Que aproveche[7]!
Elena: Humm ¡qué buena pinta[8] tiene esto!

☐

Camarero: De acuerdo. Y para beber, ¿qué os traigo, una jarra[9] de cerveza?
Elena: Sí, tráenos una jarra de cerveza con gaseosa[10] para las dos.

☐

Camarero: Vale, en seguida os traigo todo.

☐

Sara: Cállate[11], que viene. Fíjate[12] cómo nos mira, seguro que ha notado[13] que estamos hablando de él.

d) Escucha ahora el CD y compara.

e) Imagina que tú estás con unas amigas o unos amigos en un bar tomando unas tapas. Alguien te llama por el móvil y quiere saber dónde estás y qué haces, etc. Dialoga con tu compañero/a.
A: la persona que llama
B: tú

---

[1] gambas a la plancha: gegrillte Garnelen
[2] mala suerte: Pech
[3] calamares fritos: fritierte Kalamares (Tintenfische)
[4] patatas bravas: gebackene Kartoffeln mit scharfer Tomatensauce
[5] una ensaladilla rusa: ähnlich wie Kartoffelsalat
[6] un pincho de tortilla: Stück Tortilla
[7] que aproveche: guten Appetit
[8] tener buena pinta: appetitlich / lecker aussehen
[9] la jarra: Krug
[10] la gaseosa: weiße süße Limonade
[11] cállate: sei still
[12] fíjate: schau
[13] seguro que ha notado: bestimmt hat er gemerkt

8.1 En plan formal ▶ G 8.1

**Completa los verbos con la terminación correcta del indefinido.
Presta atención a si llevan acento o no.**

	trabajar	comer	vivir	estar	ir
(yo)	trabaj_____	com_____	viv_____	estuv_____	fu_____
(tú)	trabaj_____	com_____	viv_____	estuv_____	fu_____
(él, ella)	trabaj_____	com_____	viv_____	estuv_____	fu_____

8.2 Un crucigrama verbal ▶ G 8.1

Al hacer este crucigrama, ten en cuenta que la solución correcta sólo se consigue con las formas del verbo en indefinido.

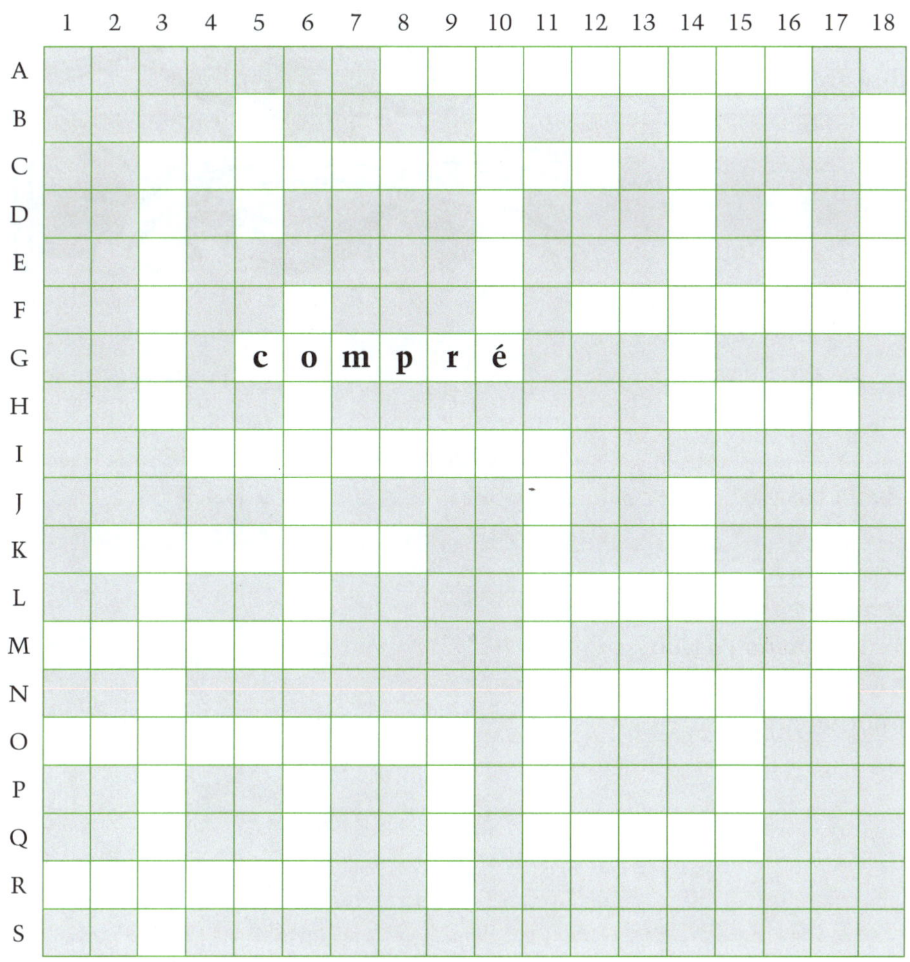

Vertical
3 asistir (yo); asistir (tú)
5 ver (él)
6 volver (nosotros); tener (ella)
9 salir (yo)
10 terminar (yo)
11 nadar (vosotros)
14 salir (ellos); ser (yo)
15 sacar (él)
16 ir (yo)
17 tener (yo)
18 bailar (yo)

Horizontal
A estar (tú)
C asistir (ellas)
F terminar (yo)
G comprar (yo)
H nadar (yo)
I tener (ellos)
K pasar (nosotras)
L abrir (él)
M ir (nosotros)
N tomar (tú)
O meter (vosotras)
Q salir (ella)
R estar (él)

8.3 ¿Cuál es cuál? ▶ G 7.1

¿Ocho de estos verbos tienen un participio irregular? ¿Cuáles son? Apúntalos.

escribir | comprar | ir | decir | jugar | empezar | llegar | meter
bailar | volver | sentarse | dar | estar | morir | asistir
leer | romper | poner | invitar | ser | abrir | cerrar | ver

______ ______ ______ ______

______ ______ ______ ______

8.4 Una encuesta ▶ G 8.1

Vas a hacer una encuesta a dos de tus compañeros/as. Apúntate lo que te dicen, porque luego se lo vas a contar a los otros.

—Kathrin, ¿cuándo te levantaste el sábado pasado?
—A las 9 de la mañana.
—¿Y tú Michael?
—Yo, a las 10.

—El sábado pasado Kathrin se levantó a las 9 y Michael a las 10 de la mañana.

¿Cuándo? | ¿A qué hora? | ¿Qué? | ¿Con quién?

PREGUNTAS		NOMBRE	RESPUESTAS
levantarse	el sábado pasado	Kathrin	a las 9
		Michael	a las 10
acostarse	el lunes pasado		
comer	el domingo pasado		
ir de compras	el fin de semana pasado		
ducharse	ayer		
hablar por teléfono	ayer por la tarde		
…	…		

Soluciones al concurso (12.7, páginas 78–80)
1. c) 2. b) 3. c) 4. b) 5. a) 6. c) 7. b) 8. c) 9. b) 10. b) 11. b) 12. c)
13. c) 14. a) 15. b) 16. b) 17. b) 18. a) 19. a) 20. b) 21. c) 22. c) 23. a) 24. c)
25. b) 26. c) 27. b) 28. c) 29. b) 30. a)

8.5 Más entrevistas ▶ G 8.1

La chica y el chico que estudian periodismo en la Universidad de Santiago hacen más entrevistas a otros peregrinos.
Escucha los diálogos y apunta si la información es correcta o no.

Situación A	correcto	falso
1. El chico es de Madrid.	☐	☐
2. Fue en bicicleta hasta Burgos.	☐	☐
3. Ha necesitado 5 días desde Burgos a Santiago.	☐	☐
4. Ha hecho buen tiempo.	☐	☐
5. Lo que más le ha gustado ha sido el paisaje.	☐	☐
6. Se encontró con mucha gente.	☐	☐

Situación B	correcto	falso
1. Son dos personas jóvenes.	☐	☐
2. Teresa no quiere salir en la tele.	☐	☐
3. No están cansados.	☐	☐

Situación C	correcto	falso
1. Salieron de Pamplona.	☐	☐
2. Salieron en marzo.	☐	☐
3. Normalmente no tienen tiempo.	☐	☐
4. Les gusta conocer a otra gente.	☐	☐
5. Una de ellas no se acostumbró a las botas.	☐	☐

8.6 No, todavía no ▶ G 7.1 / 8.1 / 8.2

a) Haz preguntas a tu compañero/a como en el siguiente diálogo.

—Michael, ¿has estado ya / alguna vez en España?
—Sí.
—¿Y cuándo?
—Estuve en 1999, en agosto.
—¿Te gustó?
—Sí, mucho.
—¿Cuánto tiempo estuviste?
—Tres semanas.

—Anja, ¿has estado ya / alguna vez en España?
—No, todavía no.

París — Buenos Aires — Italia — Chile — Madrid

b) Presenta ahora las respuestas que te ha dado tu compañero/a al resto del grupo.

Michael ha estado una vez en España. Estuvo tres semanas en 1999 y le gustó mucho.
Anja todavía no ha estado en España.

8.7 Así somos ▶ G 8.3

En esta estadística se comparan las Comunidades Autónomas. Basándote en estos datos, construye frases como en el ejemplo.

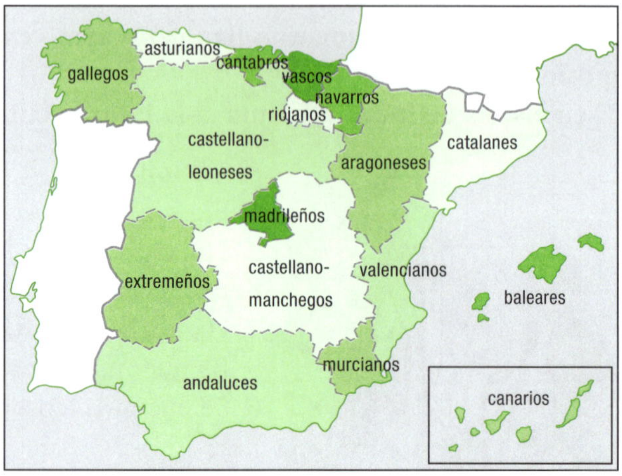

Asturias (70,26 kg)
Murcia (69,55 kg)
La Rioja (66,67 kg)

pesar[1]

– Los que más pesan son los asturianos. Pesan 70,26 kilos.
– Los que menos pesan son los riojanos.
– Los asturianos pesan más que los murcianos.

1.
Esperanza de vida[2] — vivir
Castilla y León (78,31 años)
Baleares (75,89 años)
Andalucía (76,04 años)

2.
Deporte — hacer deporte
Navarra (14,7 % = el catorce coma siete por ciento)
Madrid (11,2 %)
Extremadura (5,3 %)

3.
Vino — beber vino
Galicia (53,3 %)
Baleares (42,3 %)
Asturias (33,5 %)

4.
Fumar[3] — fumar
Cantabria (38,7 %)
Madrid (33,3 %)
Galicia (30,5 %)

5.
Hijos — tener hijos
Andalucía (1,83 hijos)
Extremadura (1,80 hijos)
Asturias (1,53 hijos)

6.
Felicidad[4] — ser feliz
Madrid, País Vasco y Cataluña (87 %)
Castilla y León (83 %)
Canarias (75 %)

7.
Religión — ir a misa[5]
Murcia (49 %)
Navarra (41 %)
Cataluña (17 %)

8.
Ingresos (en promedio)[6] — ganar al año
Baleares (20.650 euros al año)
Cataluña (19.285 euros al año)
Galicia (14.600 euros al año)

9.
Trabajo — trabajar
Canarias (1.736 horas por año)
Andalucía (1.666 horas por año)
País Vasco (1.646 horas por año)

10.
Comida — gastar en comida
Cantabria (1.580 euros por persona y año)
Comunidad Valenciana (1.460 euros por persona y año)
Canarias (1.250 euros por persona y año)

11.
Bares — hay bares
Galicia (un bar por cada 96 habitantes)
Navarra (un bar por cada 250 habitantes)
Cataluña (un bar por cada 281 habitantes)

Así somos. *El País Semanal*

[1] pesar: wiegen
[2] la esperanza de vida: Lebenserwartung
[3] fumar: rauchen
[4] la felicidad: Glück
[5] ir a misa: in die Kirche gehen
[6] ingresos (en promedio): Einkommen (im Durchschnitt)

8.8 En el mercado

a) **Ordena el siguiente diálogo.**

☐ —¿Es todo?

☐ —Me pones un kilo de manzanas.

☐ —¿De estas verdes?

☐ —¿Algo más?

☐ —¡Hola! ¿Qué te pongo?

☐ —Sí, me pones un kilo de naranjas y medio de cerezas.

☐ —Sí, gracias. ¿Cuánto es?

☐ —... euros.

☐ —No, de las rojas.

b) **Escribe qué es lo que suelen decir el vendedor y el cliente. Incluye también las expresiones que se emplean en la página 97 del libro (A 8.12).**
Compara con tu compañero/a.

c) **Cuatro de tus compañeros/as tienen cada uno una tienda en la que venden fruta y verduras. Ninguno de ellos vende todos los productos, sólo seis de los que ves aquí. Ellos escriben en una hoja esos seis productos con su precio.**
Tú te haces una lista de las cosas que necesitas y que quieres comprar. Luego vas de tienda en tienda y haces la compra. Tú quieres comprar los mejores productos al mejor precio.

d) **Tú estás en el mercado. En ese momento te llama un amigo o amiga por el móvil.**
Tú le explicas dónde estás y lo que estás haciendo. Dialoga con tu compañero/a.

e) **¿De qué color son estas frutas y verduras?**

uvas · pepinos · judías verdes · tomates · manzanas · naranja · cerezas · plátanos · piña

Tienda "La buena fruta"	Tienda "El baratillo"	Tienda "Todo fresco"	Tienda "La ecológica"

pimientos · coliflor · limones · peras · patatas · melocotones · sandía · ciruelas

8.9 ¿Cómo se escribe?

Aquí tienes los nombres y direcciones de varias personas. Tú tienes que tapar la parte de tu compañero/a y él / ella la tuya. Se los dictas a tu compañero/a. Si no los escribe bien, se los deletreas (libro de texto, página 158).

Juan Hernández Moreno

Plaza de la Encarnación, 25
05 332 Ávila

Paloma Casagrande Bonito

Avenida de Menéndez y Pelayo, 224
22 976 Huesca

RAYOS DE SOL

Félix Rayos de Sol

Calle Matahacas Osario, 99
23 257 Jaén

ESQ

Enrique Sáez Quintana

Calle San Juan de Dios, 33
15 549 A Coruña

Penélope Santos Gutiérrez

Paseo de Bellas Artes, 205
34 501 Palencia

Montserrat Fernández Curro

Calle Marqués de Paradas, 80
12 358 Castellón

Montserrat

Azucena Sánchez Quevedo

Calle San Juan de los Reyes, 48
02 331 Albacete

Julio Iglesias Beltrán

Paseo de las Delicias, 103
48 076 Vizcaya

Beltrán

Santiago Arribas Martínez

Calle Puentezuelas, 15
06 557 Badajoz

Tomás Quintana Lorca
Calle Torres Bermejas, 17
26 953 Logroño

Logroño

Dolores Hurtado y Robledo

Avenida de la Constitución, 70
47 536 Valladolid

Raúl Mendoza Esquivel

Calle de Bustos Tavera, 50
19 322 Guadalajara

8.10 Hacemos el Camino

Tenéis la intención de hacer el Camino de Santiago. Vais a formar grupos y cada grupo preparará su viaje, teniendo en cuenta ciertos criterios. Para buscar información podéis mirar en Internet, emplear folletos de agencias de viajes, mirar guías turísticas, etc.

– Criterios:
¿Cuándo va a tener lugar el viaje y cuánto tiempo va a durar?

– Ruta:
¿Cómo queremos ir: en bicicleta o andando?
¿De qué punto queremos partir?
¿Dónde queremos estar más tiempo?
¿Por dónde queremos pasar?

– Gastos:
¿Cuánto dinero tenemos a disposición?
¿Cuánto cuesta el viaje en avión, en tren ... ?
¿Cuánto cuestan los hoteles, las pensiones, ... ?
¿Cuánto dinero necesitamos para la comida y las bebidas?

– ¿Cómo vamos a ir hasta el punto de partida?

– ¿Hay que hacer reservas para hoteles, pensiones, etc.?

– ¿Qué equipaje necesito yo personalmente y qué equipaje necesitamos juntos? (Lista individual y lista para el grupo)

– ...

8.11 ¿Tienen una habitación ...?

Sabine y Marion buscan habitación. Van a la Oficina de Turismo y allí les dan varios números de teléfono y direcciones de pensiones y hoteles.
Escucha los diálogos y rellena las lagunas.

1. *Hotel de Santiago*

— ________________.

— Hola, buenos ________________.
— Hola.
— ¿Hablo con el *Hotel Santiago*?

— Sí, ¿qué ________________?

— ¿Tienen ________________ libres[1]?

— ¿Para cuántas ________________?

— Para ________________.
— No, lo siento, sólo me queda libre una individual.
— Vale gracias.

— ________________.

[1] libre: frei

2. Pensión *El peregrino cansado*

— Pensión *El peregrino cansado.* ________________.
— Hola, buenos días. ¿Tienen una habitación libre para dos personas?

— ¿Para ________________?
— Para hoy y mañana.
— Para hoy no, para ________________________________ una libre.
— Bueno, no, muchas gracias.

3. Pensión *Casa María*
— Diga.
— Buenos días. ¿Hablo con *Casa María*?
— Sí.
— ¿Tienen una habitación libre?

— ¿Para cuánto ________________?
— No sé, dos o tres noches.
— A ver. Sí, hay una doble[1]. Pero sin ________________. La ducha y los servicios[2] están fuera, en ________________.

— ¿Y cuánto ________________?

— ________________ por noche.
— ¿Es con desayuno?
— No, sin desayuno. No damos desayunos, pero se puede desayunar en ________________ aquí cerca.
— No, muchas gracias.

4. Hostal *Camino Hecho*
— Hola, buenos días.
— Buenos días. Vaya[3]. Dos ________________. Y acabáis de llegar, ¿no?

— Sí. ________________ una habitación doble para dos o tres noches.
— ¿De dónde sois?

— Somos ________________, de Berna.

— Ah, Suiza, es un país muy bonito, ¿no? ________________, las casas y todo está tan limpio[4], ¿verdad?...
— Sí, sí ... ¿Tiene algo libre?

— ________________. Hay una libre con ________________.
— ¿Y cuánto cuesta?

— ________________, I.V.A. incluido[5].

— ¿Podemos ________________?
— Claro ...

---

[1] una doble: Doppelzimmer
[2] los servicios: Toiletten
[3] vaya: *hier:* so, so
[4] limpio/a: sauber
[5] I.V.A. incluido: inklusive Mehrwertsteuer

8.12 En el restaurante: Un menú con muchos errores

a) Sabéis hablar y escribir bien el alemán y quizás también el inglés o el francés. Si es así, vais a ayudar al dueño del restaurante a corregir el menú.

Restaurante "El Pescador"

Menú

Sopa de pescado
Soupe de poison / fish ssoup / Fischsupe

Ensalada mixta
Salada mixte / mixed salat / gemischt Salat

Menestra
Jariniere de legumes / mixed vegetables (sauted) / Gemüsseintoff

Merluza a la plancha
Merlue p. / Sole filet / Seehech von Gril

Fritura variada de pescado
Friture varie / dish of vary fried fish / Platte mit gebratener Fischen

Lomo de cerdo con patatas
File de porc aux pommes / fillet of porc with chips / Schwinelende mit Bratkartofel

Fresas con nata
Fraise avec Fouttés / Strewberries with Cream / Erdbeere mit Shlagsanne

Flan
Pouding / Pudding / Karamelpuddin

Fruta del día
Fruit du Jour / Fruit of the day / Obst an den Tag

Pan y vino
pain et vin / bred and wine / brot und Wein

8,99 euros

I.V.A. incluido

b) Con la ayuda de las traducciones decidís lo que queréis comer. Uno/a de tus compañeros/as es el camarero y apunta lo que deseáis.

de primero[1] | de segundo[2] | de postre[3]

—¿Qué vais a tomar?
—Yo, de primero una ensalada mixta.
—Y yo también.
—¿Y de segundo?
—Yo ...
—¿ Y de postre?
—¿Qué fruta hay?
—...
—¿Y para beber?
—Yo ...

8.13 Bingo de palabras

a) Elige 16 de las siguientes palabras y rellena las casillas. Uno de tus compañeros/ras leerá las expresiones por orden irregular. Gana el que tenga una línea horizontal o vertical completa.

el periódico	el queso	el escaparate	la región	el regalo	el pasillo
el horario	la guitarra	felicidades	el abuelo	el paquete	la sorpresa
el hermano	la historia	la vida	la semana	el lugar	la camarera
el reloj	la tarde	el concurso	el miércoles	la moto	el idioma
la revista	el puente	el timbre	el semáforo	la cadena	el partido
la costumbre	el lápiz	la calle	el refresco	la sobrina	el corazón

b) Elige 4 palabras de la lista de arriba y escribe una pequeña historia en la que aparezcan las cuatro.

8.14 No sólo en castellano

Ya sabes que en España no sólo se habla el castellano. Vas a oír a ciertas personas que hablan castellano, vasco, catalán o gallego. Identifica qué idioma habla cada persona.

Marta ____________________ Antía ____________________

Arantxa ____________________ Jordi ____________________

---

[1] de primero: als ersten Gang
[2] de segundo: als zweiten Gang
[3] de postre: zum Nachtisch

9.1 Comunicación en clave

a) En el libro (página 103) tienes algunos ejemplos de cómo se comunican los jóvenes por SMS. A veces, usan el inglés para gastar menos palabras. A continuación tienes el texto completo. Trata de unir el texto completo con el mensaje abreviado.

1. A dnd kirsir?
2. F2T?
3. xdon ;)
4. Llgo + trde kdmos a ls 6?
5. y pso tngo mvid fmily sbdo bss wps kuntam n chat
6. a2
7. mls mz

A ¿Estás libre para hablar (free to talk)?
B Llego más tarde, ¿quedamos a las seis?
C Adiós.
D Molas mazo (= estás muy guapo)
E ¿A dónde quieres ir?
F ¡Perdón!
G Yo paso, tengo movida familiar el sábado; besos guapos; cuéntame en el chat

b) ¿Qué codigos usas tú en tus mensajes? Compara con los españoles y di las diferencias.

¡!

Conviene saberlo
Códigos que usan los jóvenes en España para escribir SMS:
- no ponen acentos y los signos de interrogación sólo al final (?)
- no usan la **h** ni muchas **vocales**: *ola, stas n csa?* = ¿Hola, estás en casa? *mñn* = mañana
- las consonantes **t** / **m** / **k** se usan en muchos sentidos: *tqk* = te quiero, cariño / *kte?* = ¿qué tal estás?
- se sustituye sistemáticamente la **ch** por la **x**, la **ll** por la **y**: *mxo* = mucho; *cye* = calle
- se utilizan números y signos matemáticos por su significado o por su sonido: *salu2* = saludos;
- muy usada es la **x** en sentido de por / para / per: *xdon* = perdón; *xti* = para ti.

9.2 Tú aquí estás de más

En cada una de las series hay un intruso, una palabra que no pertenece al grupo. ¿Cuál es?

1.	colegio	cumpleaños	examen	cuaderno
2.	ciclismo	fútbol	cine	yudo
3.	ratón	móvil	impresora	teclado
4.	levantarse	lavarse	jugar	ducharse
5.	ciudad	pueblo	capital	dinero
6.	hermano	tío	casa	abuelo
7.	aeropuerto	tren	coche	avión
8.	lleno	guapo	cerca	alto
9.	mesa	vaso	silla	sofá
10.	lejos	cerca	bien	alegre

9.3 Cada cosa a su tiempo ▶ G 8.1 / 8.2

Completa los diálogos con el tiempo adecuado: perfecto o indefinido.

1.
—¿Ya (hablar) ______________________ con David sobre tu página web?

—Sí, lo (ver) ______________________ ayer al salir del cine y

(hablar, yo) ______________________ con él.

—¿Y te (explicar) ______________________ cómo se hace?

—No, todavía no (tener, él) ______________________ tiempo de pasar por mi casa. Quizás viene hoy.

2.
—¿Qué haces?
—Estoy mirando a ver si Abelardo me (enviar) ______________________ un mensaje.

Yo le (mandar) ______________________ uno a él antes de ayer[1], pero parece que

él no me (contestar) ______________________. Aquí no hay nada.

—A lo mejor no lo (recibir, él) ______________________.

—¿Tú crees? Hasta ahora siempre los (recibir, él) ______________________.

—Bueno, entonces es que seguramente todavía no (abrir, él) ______________________ los mensajes.

3.
—¿Qué tal van vuestros negocios en Internet, ¿(tener, vosotros) ______________________ éxito?
—Sí, van bien, bastante bien. Hasta ahora ya (visitar) ______________________ casi trescientas personas nuestra página web.

9.4 Los medios modernos

Aquí tienes un ordenador y su periferia. Escribe el nombre de cada componente y explica para qué es o para qué lo usas tú.

I la impresora: Con la impresora imprimo los textos que escribo en el ordenador.

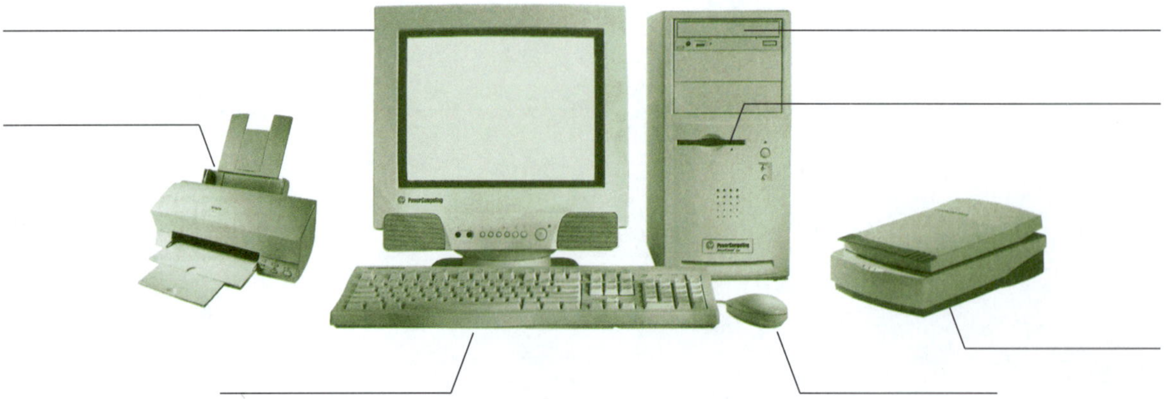

[1] antes de ayer: vorgestern

9.5 Todo es súper ▶ G 8.3

Formula la pregunta con el verbo conveniente del recuadro. Tu compañero/a contesta con un superlativo.

aprender | gustar | saber | sacar (2 x) | ser (3 x)

1.
—¿ __________ moderno tu ordenador?

—Pues claro que sí, mi ordenador _______ ______________ que hay actualmente en el mercado.

2.
—¿ __________ buena nota en el último examen?

—No, la nota del último examen es _______ ______________ nota que (yo) ______________ en todo el año.

3.
—¿ __________ David mucho de informática?

—Sí, mucho. Él y su amigo Abelardo son _______ _______ _______ saben de informática de todos nosotros.

4.
—¿A ti te __________ mucho navegar por Internet?

—Uy, sí. Navegar por Internet es _______ _______ _______ me gusta.

5.
—¿Has ______________ a hacer páginas web en los manuales de informática?

—¡Qué va! En los manuales es donde _______ _______ ______________.

Casi todo lo he aprendido practicando.

6.
—Tú seguramente ______________ un buen estudiante en el colegio, ¿no?

—¿Buen estudiante, yo? ¡Uy, qué va! Yo siempre fui uno de _______ ______________ de la clase.

9.6 Algo de todo ▶ G 8.4

Completa los diálogos con la forma del verbo y el pronombre correspondiente al señalado en alemán.

1.
—Oye, (conocer) ________________________ tú a ________________________ *(irgendeinen)* de aquellos chicos que vienen hacia aquí?

—No, yo no (conocer) ________________________ *(keinen)* ________________________.

¿Por qué lo preguntas, esperas ________________________ *(jemanden)*?

—No, no espero ________________________ *(niemanden)*, pero el chico alto y rubio me (parecer) ________________________ conocido.

2.
—Tú haces negocios por Internet, me has dicho. Eso quiere decir que (ofrecer) ________ ________ *(irgendetwas)*, pero ¿qué (ofrecer, tú) ________? ¡Tú no (producir) ________ ________ *(nichts)*!
—Claro que (producir, yo) ________ ________ *(etwas)*!
Yo (producir) ________ ideas y esas ideas las (ofrecer) ________ en Internet.
—¡Ideas! ¿Qué ideas?
—Ah, eso no te lo digo. Si quieres saberlo, tienes que visitar mi página *web*.

9.7 Así fue ▶ G 9.1 / 9.5

Completa los diálogos con el verbo en indefinido y resaltando el pronombre.

1.
—¿Qué te (decir) ________ Abelardo sobre el nuevo programa?
—*(mir)* ________ no me (decir) ________ nada.

2.
—¿Por qué no (venir, tú) ________ en autobús?
—Por mi hermana. Por ________ *(ihretwegen)* (tener, yo) ________ que venir en tren, aunque es más caro, es que a ella no le gusta viajar en autobús.

3.
—¿No (invitar, vosotros) ________ a Abelardo a la fiesta?
—Sí, claro que lo (invitar, nosotros) ________, *(ihn)* ________ y a su amigo David, pero no (venir, ellos) ________. *(uns)* ________ nos (decir, ellos) ________ luego que no (poder, ellos) ________ venir por el trabajo, pero lo que yo creo es que no (querer, ellos) ________ venir para no encontrarse con la ex novia de David. Por ________ *(ihretwegen)* no (estar) ________ en la fiesta.

4.
—¿Qué les (parecer) ________ a tus padres la idea de fundar tu propia empresa?
—A mi padre le (parecer) ________ bien, pero a mi madre no tanto. *(ihr)* ________ todo esto de Internet le (parecer) ________ peligroso[1], porque no lo entiende.
—¿Qué (decir, ellos) ________ cuando lo (saber, ellos) ________?
—No (decir, ellos) ________ nada en contra, pero me (hacer) ________ muchísimas preguntas.

[1] peligroso/a (ser): gefährlich

9.8 Expertos en informática ▶ G 8.3 / 9.3

Completa el texto con las formas del indefinido o el perfecto.

David y Abelardo se (conocer) ______________ en el colegio y se (hacer) ______________ amigos. Eso (ser) ______________ en el año 1998. Desde entonces (pasar) ______________ varios años. Ninguno de los dos (poder) ______________ terminar el bachillerato, porque no (aprobar) ______________ todas las asignaturas del último año y (tener) ______________ que irse del colegio sin el título de bachiller. Al principio, eso (ser) ______________ un gran problema, pero hoy ya no piensan en ese mal momento. Después de dejar el colegio, (decidir) ______________ hacer juntos algo en informática. (Comprar) ______________ un ordenador moderno y (empezar) ______________ a practicar. Todo lo que saben lo (aprender) ______________ ellos mismos, nunca (hacer) ______________ cursos en una escuela. Con el tiempo se (hacer) ______________ grandes especialistas y (poner) ______________ un negocio en Internet. (Tener, ellos) ______________ suerte y su página *web* (ser) ______________ un gran negocio. Dicen que hasta ahora ya (ganar) ______________ tanto dinero como un ejecutivo.

9.9 El deporte es vida

a) A continuación escuchas algunos resultados de encuentros deportivos. Relaciona cada uno de esos reportajes con la foto y di de qué deporte se trata.

1

☐ ______________

2

☐ ______________

3

☐ ______________

b) Relaciona estas expresiones con el deporte al que se refieren.

1. En el encuentro Madrid – Valencia Raúl metió dos goles, pero el Valencia ganó tres dos.
2. Es campeón olímpico de 800 metros lisos.
3. Fue cinturón negro en los años 90.
4. Es campeón de Europa de eslalon.
5. El Estudiantes ganó al Real Madrid por 82 a 74.
6. El árbitro acaba de pitar un penalty. Además le ha sacado la tarjeta amarilla al defensa.
7. Albert Costa ganó el torneo de Roland Garros en cuatro sets.
8. Induráin ganó cinco veces el Tour de Francia.

Unidad 10

10.1 Cosas de familia

Helen estuvo en casa de una familia. En las unidades anteriores has aprendido ya muchas palabras referidas a la familia. Pon aquí todo lo que relacionas con la familia (cosas y acciones).

cosas que hacemos en familia

familia personas

cosas que necesita la familia

10.2 Fue a Panamá a aprender español

Busca en la sopa de letras todos los países de Latinoamérica donde se habla español.

A	C	U	B	A	Y	N	I	C	A	R	A	G	U	A
R	D	N	B	R	K	R	L	T	S	F	R	O	P	L
E	E	M	C	G	U	A	T	E	M	A	L	A	A	X
P	F	L	Z	E	J	D	B	C	Y	M	H	F	R	A
Ú	G	I	Y	N	K	U	R	U	G	U	A	Y	T	Y
B	H	O	G	T	S	V	Z	A	J	V	G	E	N	Z
L	C	Q	F	I	R	Z	I	D	K	L	P	N	E	T
I	O	P	C	N	D	C	H	O	N	D	U	R	A	S
C	S	R	E	A	Q	O	M	R	S	T	E	U	S	R
A	T	**E**	**L**	**S**	**A**	**L**	**V**	**A**	**D**	**O**	**R**	I	D	V
D	A	T	M	Z	S	O	T	Q	L	A	T	B	N	E
O	R	S	S	M	P	M	E	U	A	B	O	C	Q	N
M	I	V	Z	É	O	B	Y	R	P	E	R	Ú	P	E
I	C	M	A	X	N	I	C	B	U	J	I	F	A	Z
N	A	R	I	I	U	A	G	F	S	K	C	G	R	U
I	J	K	B	C	B	Q	H	J	C	Q	O	H	A	E
C	M	L	N	O	I	O	K	O	H	M	Q	P	G	L
A	S	P	D	S	T	P	N	T	I	R	T	S	U	A
N	Z	Q	Y	D	S	F	B	O	L	I	V	I	A	X
A	P	A	N	A	M	Á	F	Z	E	D	Z	D	Y	B

10.3 Una buena decisión ▶ G 9.1 / 9.4

Completa el texto con el verbo en indefinido ____ y la forma correcta del adjetivo .... indicado al margen.

1. El viaje a Panamá (ser) ____________ para Helen su .... viaje sola al extranjero. — primero
2. Helen sabía poco español cuando (llegar) ____________ a Panamá, pero para ella no (ser) ____________ un .... problema aprender a hablar. — grande
3. Los .... días en el colegio (ser) ____________ duros para ella, — primero — pero después de unas semanas ya no (tener) ____________ casi .... problema. — ninguno
4. En el colegio de Volcán (conocer) ____________ también a .... alumnos de intercambio. — alguno
5. Durante el año que (estar) ____________ allí, Helen y su "hermana" (hacerse) ____________ muy .... amigas. — bueno
6. Un fin de semana tenían previsto hacer una excursión a la sierra, pero luego no (poder) ____________ hacerla por el .... tiempo. — malo

10.4 A mí me gusta mucho ▶ G 9.5

Dilo en castellano. Resalta el papel de los pronombres escritos en cursiva.

1. *Mir* hat el Puente de las Américas sehr gut gefallen. Und *euch*? – *Uns* auch.
2. Die Austauschschüler haben am Anfang ziemlich wenig verstanden. *Ihnen* haben die Lehrer viele Dinge auf Englisch erklärt.
3. *Euch* hat Helen ein Foto aus Panama geschickt, *uns* nicht.
4. Einige ihrer Freunde in Panama sprachen Dialekt. *Sie* verstand Helen manchmal nicht oder nur schlecht.
5. *Dich* hat Helen aus Panamá angerufen. *Mir* hat sie es versprochen, aber bis jetzt hat sie es noch nicht getan.
6. Heute Nachmittag wollen wir mit Javier einen Ausflug machen, aber auf *ihn* muss man immer warten, er kommt immer zu spät.
7. Die Austauschschüler haben bis jetzt viel Spanisch gelernt; obwohl *ihnen* am Anfang alles sehr schwer schien.
8. Helen hat eine schöne grüne Bluse im Schaufenster gesehen, aber sie möchte eine blaue [Bluse] kaufen; denn *ihr* steht grün nicht sehr gut.

10.5 ¡Qué comparaciones! ▶ G 6.5 / 8.3

En el texto de la unidad 10 hay varias estructuras de comparativo y de superlativo. Complétalas en las siguientes frases. Si no sabes, mira otra vez el texto.
Lo que tienes aquí es la respuesta que da Helen. ¿Cómo ha sido la pregunta? Formúlala tú, a ser posible con un comparativo o superlativo.

1.
A: ______________________________

H: Sí, la parte norte de Panamá es una zona muy fría, es ______________ del país.

2.
A: ______________________________

H: Yo me entendía muy bien con mi "hermana". Con ella era con quien yo ______________ me entendía, porque las dos éramos de la misma edad. Los otros "hermanos" eran mucho más jóvenes ______________ yo, por eso yo no tenía ______________ relación con ellos como con mi "hermana".

3.
A: ______________________________

H: Muchos me llamaban *"Gelen"* con "G", porque para los panameños es ______________ difícil pronunciar la hache alemana.

4.
A: ______________________________

H: No, yo nunca tuve ______________ problemas para pronunciar bien el castellano ______________ ellos para pronunciar bien mi nombre.

5.
A: ______________________________

H: Bueno, mis padres me dijeron que el español es una de las lenguas ______________ importantes del mundo y por eso me decidí a ir a Panamá. Creo que eso fue ______________ mejor que podía hacer en ese momento.

6.
A: ______________________________

H: Algunas cosas me impresionaron mucho, pero ______________ me impresionó fue el Puente de las Américas sobre el Canal de Panamá.

7.
A: ______________________________

H: Mi año en Panamá fue una experiencia muy interesante, fue la experiencia ______________ de mi vida.

10.6 Un buen detective

Primero buscáis datos de algunos países de Centroamérica, por ejemplo Panamá, Guatemala, Costa Rica, El Salvador, Honduras, etc. y comparáis dos países entre sí. Luego, en clase, presentáis el resultado de vuestro trabajo.

- superficie (km^2)
- número de habitantes (cuántas personas viven en ese país)
- clima
- analfabetismo
- población (indígenas, mestizos, negros, blancos, etc.)

...

10.7 Cada cual es como es

Dialoga con tu compañero/a. Él o ella te ha dado esta respuesta, siempre lo contrario de lo que tú has preguntado, ¿qué has preguntado tú? Si no te acuerdas, mira los adjetivos en la página 118 del libro.

1.
A: ¿Eran ______________________ los chicos de Volcán?
H: Sí casi todos, pero también había algunos que eran muy *antipáticos*.

2.
A: ¿Tú has sido siempre tan ______________________ como hoy?
H: No siempre, algunas veces también he sido *pesimista*, pero pocas.

3.
A: ¿Qué clases eran para ti ______________________?
H: Las clases de matemáticas, en cambio las de español eran siempre las más *divertidas*.

4.
A: Hoy te veo muy ______________________, ¿qué te pasa, por qué está tan ______________________?
H: Es que tengo un poco de morriña, pero en seguida se me pasa y voy a estar otra vez *alegre*.

10.8 Volvemos a lo formal ▶ G 10.1 / 10.2

Coloca en el recuadro las formas correctas del imperfecto.

estar	comer	escribir	ir	ser	ver

10.9 Mirando también se aprende ▶ G 10.4

a) Lee primero el texto de la unidad 10 de la página 114. Luego cierra el libro y completa las preguntas poniendo los verbos en imperfecto o indefinido.

b) Da una respuesta a la pregunta.

1. ¿Cuántos años (tener, tú) ____________________ cuando te (ir) ____________________ a Panamá?

   ____

2. ¿(Saber, tú) ____________________ español cuando te (ir) ____________________?

   ____

3. Tú (estar) ____________________ en una familia, ¿cómo la (conocer) ____________________?

   ____

4. ¿Y cómo (ser) ____________________ la familia, cómo te (recibir, ellos) ____________________?

   ____

5. ¿Y te (llamar, ellos) ____________________ con tu nombre alemán?

   ____

c) Compara con el libro si has decidido bien entre el imperfecto y el indefinido.

10.10 Una entrevista como entre profesionales

A prepara una pequeña entrevista que va a hacer a B sobre una situación pasada (un viaje, un examen, el último fin de semana, etc.)
A escribe las preguntas y luego B contesta esas preguntas.
Después presentáis vuestra entrevista al resto de la clase.

10.11 Ese fue un día difícil para ella ▶ G 10.4

¿Te acuerdas aún del día que fuiste por primera vez al colegio? Helen nos cuenta cómo fue su primer día en el colegio de Volcán.

a) Completa el texto con los tiempos adecuados: imperfecto o indefinido.

La noche antes casi no (poder, yo) ____________________ dormir, porque (estar) ____________________ muy nerviosa. Me (despertar) ____________________ muy pronto, pero mis "padres" y mi "hermana" ya (estar) ____________________ levantados. Después de lavarme, me (poner) ____________________ mi vestido nuevo y (bajar) ____________________ a desayunar. Mis papás, mi hermana y yo (desayunar) ____________________ juntos, y luego, poco antes de las ocho, (salir) ____________________ para el colegio. Cuando (llegar) ____________________ al colegio, ya (haber) ____________________ allí muchos chicos y chicas. Mis "padres" me (presentar) ____________________ a la profesora, que (ser) ____________________ una chica joven y muy amable. Ella me (saludar) ____________ y me (preguntar) ____________ de dónde (ser, yo) ____________ y si me (gustar) ____________ Panamá. Yo casi no (entender) ____________ nada de lo que me (decir, ella) ____________, pero mi "hermana" (contestar) ____________ por mí.

(Entrar, nosotros) ____________ en la clase y la profesora me (indicar) ____________ donde yo (tener) ____________ que sentarme. La chica que (estar) ____________ sentada a mi lado me (dar) ____________ un beso y eso me (sorprender)[1] ____________ un poco. Luego (saber) ____________ que eso es normal en Latinoamérica, pero yo entonces todavía no lo (saber) ____________.

Después (empezar) ____________ las clases. Primero (tener, nosotros) ____________ geografía, luego lengua, después deporte y al final inglés. Yo sólo (entender) ____________ algo en la clase de inglés. Cuando (terminar) ____________ las clases, (venir) ____________ mi hermana a recogerme[2] y (regresar, nosotras) ____________ juntas a casa. Yo (estar) ____________ bastante deprimida y (tener) ____________ mucha morriña, pero mi "familia" me (ayudar) ____________ a superar mi morriña y después de una semana todo (ir) ____________ mucho mejor.

b) Escribe tú ahora cómo fue tu primer día de colegio y luego lo lees a tus compañeros.

10.12 Todo tiene una razón ▶ G 10.4

Completa la frase con el tiempo adecuado: imperfecto o indefinido.

> **Hinweis:**
> Nach **"porque"**
> – steht **indefinido**, wenn der Nebensatz sich auf ein Ereignis, eine Tat oder eine Entscheidung bezieht.
> – steht **imperfecto**, wenn der Nebensatz sich auf eine Situation, eine Lage oder einen Umstand bezieht.

1. Helen se fue a Panamá, *porque* ya no (haber) ____________ plazas libres para los Estados Unidos.
2. Ella se sentía muy bien en su familia, *porque* todos la (querer) ____________ como a una hija.
3. Helen se decidió a ir a Panamá, *porque* un profesor de su colegio le (proponer) ____________ esa idea.
4. Aprendió muy pronto a hablar castellano, *porque* ya (saber) ____________ algo cuando fue a Panamá.

---

[1] soprender: überraschen, erstaunen
[2] recoger: abholen

5. Ayer ella y su "hermana" fueron en bici al colegio, *porque* se (levantar) ______________________ tarde y (perder)[1] ______________________ el autobús.
6. Cuando volvió de Panamá tuvo que hacer nuevos amigos, *porque* sus antiguos compañeros ya (estar) ______________________ en otro curso.
7. Ahora saca buenas notas en español, *porque* lo (aprender) ______________________ muy bien en Panamá.
8. Se entendía muy bien con su "hermana", *porque* las dos (tener) ______________________ casi la misma edad.

10.13 En pocas palabras

Tú has leído en el informe anual de tu colegio la historia de Helen y la resumes en castellano para alguien que está de visita y que no entiende el alemán.

Helen wollte eigentlich in die USA fahren, aber es gab keine freien Plätze mehr, darum entschloss sie sich, nach Panama zu gehen und Spanisch zu lernen. Ihre Eltern sagten ihr, Spanisch sei neben Englisch eine der wichtigsten Sprachen der Welt, sie hätte mit Englisch und Spanisch bessere Berufschancen. Als sie in Panama ankam, war die ganze Familie am Flughafen, um sie zu empfangen. Helen kannte sie nur von einem Foto. Sie nahmen sie auf wie ihre eigene Tochter. Am ersten Tag in der Schule verstand sie kaum etwas, aber sie lernte die Sprache recht schnell. Alle haben ihr sehr geholfen. Wenn sie etwas auf Spanisch nicht verstand, erklärten es ihr die Lehrer auf Englisch. Als sie nach Deutschland zurückkam, war es nicht leicht für sie. Alle ihre Freunde waren in der 13. Klasse. Dieses Austauschjahr war jedoch eine tolle Erfahrung für sie. Sie lernte in Panama eine neue Sprache und [lernte] eine neue Kultur kennen.

10.14 Buen oído

Escucha las siguientes situaciones y apunta si la información es correcta o no.

Situación A

	correcto	falso
1. Jacques es hijo de un profesor de francés.	☐	☐
2. Tiene una hermana mayor y una más pequeña que él.	☐	☐
3. La ciudad donde él vive está en el este del país.	☐	☐
4. En su casa tienen un perro y dos gatos[2].	☐	☐
5. Su profesor de español nunca ha estado en Panamá.	☐	☐

Situación B

	correcto	falso
1. Sue tiene dos hermanos.	☐	☐
2. Sus padres están divorciados.	☐	☐
3. Sue nació en Sydney.	☐	☐
4. Sabe español porque hizo el bachillerato en castellano.	☐	☐
5. Su papá trabaja en una fábrica de coches en Melbourne.	☐	☐

[1] perder el autobús: den Bus verpassen
[2] el gato: Katze

11.1 Practicando el diálogo ▶ G 10.5

Completa los diálogos siguientes con la forma adecuada de los verbos indicados.

1.
conocer
—¿Conociste a Luis en la fiesta?

—No, ya lo ____________ de antes, lo ____________ durante un viaje a París en 2001.

2.
saber / querer
—Así que tú ya sabes que Animari se ha cambiado de nombre.

—Sí, me lo dijo una amiga suya, pero yo ya ____________ que ella ____________ cambiar de nombre porque nunca le había gustado. Y tú, ¿cómo lo ____________?

—Bueno, yo también me enteré[1] por unos amigos.

3.
tener
—¿Cuántos años ____________ (tú) cuando fuiste por primera vez al extranjero?

—No sé, ya no me acuerdo, pero creo que ____________ diecisiete o dieciocho.

4.
ir / decir

—¿____________ (tú) por fin al Registro Civil?

—Sí, claro.

—¿Y qué tal, qué te ____________ (ellos)?

—Que no hay problema, que puedo cambiar de nombre si quiero.

—¿Ves? Ya te lo ____________ yo. Hoy día todo es posible.

—Sí, ahora lo sé, pero en la carta que me habían mandado ____________ (ellos) que no era tan fácil.

11.2 ¡Anda, cuenta! ▶G 10.3 / 10.4

Animari nos cuenta cómo conoció a Luis. Completa tú su historia.

- yo – ir – a la fiesta de una amiga
- cuando yo – llegar – ya haber – muchos chicos y chicas allí
- le – dar – el regalo a mi amiga, me – servir – un refresco y me – sentar
- poco después se – sentar – a mi lado un chico que yo no – conocer
- el chico en seguida me – gustar – pero yo no – decir – nada
- después de un rato, él me – preguntar – cómo me – llamar
- yo le – decir – que me – llamar – Claudia, aunque ese no – ser – mi nombre verdadero
- él me – decir – que se – llamar – Luis

---

[1] enterarse: erfahren

- entonces, mi amiga – poner – un CD, mi CD preferido
- Luis me – preguntar – si yo – querer – bailar
- yo le – decir – que sí, claro, y – bailar (nosotros) – un buen rato juntos
- él me – contar – cosas de su vida y que – estudiar – Medicina en Salamanca
- cuando – terminar – la fiesta, yo – volver – a casa
- Luis no me – acompañar –, me – decir – que lamentablemente no – poder – acompañarme, pero no me – decir – por qué
- unos días después me – llamar – a casa y – preguntar – por Claudia
- mi madre se – poner – al teléfono y le – decir – que allí no – vivir – ninguna Claudia
- a la tercera llamada, me – poner – yo y – hablar – con Luis
- entonces yo le – decir – que yo, en realidad, me – llamar – Animari, – pero que ese nombre no me – gustar – y que – querer – cambiar de nombre
- él no – decir – nada, bueno – decir – que Animari no le – parecer – feo
- quedar[1] (nosotros) – para ir al cine
- él – venir – a casa a buscarme y – ir – juntos al cine
- así – comenzar – mi relación con Luis

11.3 A cada uno lo suyo ▶ G 11.6

Completa el diálogo con los pronombres posesivos convenientes.

1.

—Mi nombre es muy moderno, ¿y __________?

—__________ también.

2.

—Animari discutía mucho con __________ madre ¿y tú?

—Yo con __________ casi nunca discuto.

3.

—A ver, vosotros dos, aquí en la lista faltan aún __________ nombres. ¿Hacéis el viaje de fin de curso o no?

—Es que todavía tenemos que hablar con __________ padres.

4.

—Oye, perdona, creo que te has dejado las gafas en la mesa.

—¡A ver! Ah, no, esas gafas no son __________, __________ son negras.

Probablemente son de la chica que estaba sentada a mi lado. Sí, seguramente son __________.

5.

— Creo que se ha equivocado usted, señora, esta habitación no es __________.

— ¿Ah no? Entonces ¿cuál es __________ habitación?

— La 43.

---

[1] quedar: sich verabreden, ausmachen

11.4 Vamos a ver

Completta el texto con la preposición adecuada.

a | con | en | para | por

1. Animari estaba descontenta ________ su nombre y quería cambiarlo ________ otro. Muchas veces discutía ________ su madre ________ eso, pero su madre era muy cabezota y no quería comprenderla. Cuando Animari llegó ________ la mayoría de edad, fue ________ (el) Registro Civil y cambió el nombre de Animari ________ el de Claudia.
2. En una fiesta Animari conoció ________ Luis. Unos días más tarde él la llamó ________ teléfono, pero se puso su madre ________ (el) teléfono y, cuando él preguntó ________ Claudia, ella colgó. Luis volvió ________ llamar dos veces más y, ________ la tercera llamada, tuvo suerte y pudo hablar ________ su amiga.
3. Elena fue a pasar una semana ________ Madrid, ________ casa de su tía. A Elena le encanta dar una vuelta ________ Madrid y entrar ________ las librerías, en la tiendas de discos … Quería hacer tantas cosas que no sabía ________ dónde empezar. En una tienda vio una blusa ________ el escaparate, entró y preguntó ________ el precio. Se la probó y la compró, porque la vendedora se la dio ________ 58 euros. En las rebajas se pueden comprar muchas cosas ________ poco dinero.
4. Helen decidió ir ________ Panamá ________ aprender un nuevo idioma. En la familia donde vivió tenía una habitación ________ ella sola, no tenía que compartirla ________ nadie. ________ (el) principio sintió mucha morriña, pero luego se acostumbró ________ la vida y ________ la comida de los panameños y ya se sintió bien. Panamá le gustó mucho ________ el paisaje, ________ el clima y ________ la gente. Todos fueron muy amables ________ ella y la ayudaron ________ todo. Antes de regresar ________ Alemania, ella les dio las gracias a sus "padres" panameños ________ todo lo que habían hecho ________ ella.

11.5 Desde siempre ▶ G 11.4

Completa el texto con las correspondencias de seit **y** vor**.**

1. Animari estaba descontenta con su nombre *(seitdem)* ________________ tenía uso de razón. Quiso cambiar el nombre ya *(vor)* ________________ cumplir los 15 años, pero su madre no quiso firmar el formulario. Después de la muerte[1] de su madre, *(vor)* ________________ tres meses, Animari cambió de nombre y *(seitdem)* ________________ se llama Claudia.

---

[1] la muerte: der Tod

2. Animari conoció a Luis en una fiesta y salen juntos *(seit)* ____________ unas semanas. Muchas veces se encuentran *(vor)* ____________ ir a clase.
3. Tienes que ir al Registro Civil *(vor)* ____________ las doce y media. Luego cierran y no abren otra vez hasta las tres de la tarde.
4. Animari y Luis son novios *(seitdem)* ____________ se conocieron en una fiesta. Ahora los dos tienen que estudiar para los exámenes y *(seit)* ____________ varios días ____________ no se ven, sólo hablan por teléfono.

11.6 Ya me despido ▶ G 11.2

Completa las frases con la forma correcta del verbo en presente o indefinido.

1. **corregir**

—Mira, acabo de escribir un e-mail en castellano, pero no sé si está todo bien, ¿me lo ____________? Tú sabes más español que yo.

—Bueno, luego te lo ____________, ahora no puedo.

2. **sonreír / despedirse / pedir**

Luis miró a Animari y ella le ____________. Después fue a hablar con ella. Estuvieron hablando y bailando mucho rato. Cuando se ____________, él le ____________ su número de teléfono y ella se lo dio.

3. **repetir / conseguir**

Luis llamó a Animari por teléfono, pero se puso su madre y le colgó. Luis ____________ la llamada dos veces más y, al final, ____________ hablar con ella.

4. **reñir / seguir / elegir**

Animari ____________ muchas veces con su madre por el tema del nombre, pero su mamá ____________ pensando toda su vida que el nombre que ella ____________ para su hija era un nombre precioso.

5. **pedir / servir / reírse**

Luis y Animari entraron en el restaurante, se sentaron en una mesa y ____________ el menú del día. Para beber ____________ vino y agua mineral. Cuando el camarero les trajo las bebidas, Luis las ____________ en los vasos. Mientras esperaban la comida, le contó algunas anécdotas[1] muy divertidas y los dos ____________ mucho.

---

[1] la anécdota: Anekdote

11.7 Hay que saber expresarse

Completa la información con la expresión adecuada. Las expresiones aparecen en el segundo texto de la unidad 11, en la página 125.

1. Cuando llegué al Registro Civil *había mucha gente esperando,* así que me ________________________________.
2. Había *cuatro personas delante de mí.* Cuando ellas terminaron, me ________________________________ a mí.
3. El funcionario *no era ni muy joven ni muy viejo,* era un hombre de ________________________________.
4. Si yo quiero saber *por qué alguien hace o ha hecho algo,* pregunto ¿________________________________?
5. Un sinónimo de *esa es tu decisión* es: ________________________________.
6. En el formulario *hay muchas preguntas que yo tengo que contestar,* yo ________________________________ el formulario.
7. Cuando un chico o una chica *cumple los 18 años* ya es ________________________________.
8. El *documento* que yo tengo que presentar *para identificarme* es el ________________________________.
9. *"No es necesario"* presentar la firma de los padres, se puede decir también ________________________________.

11.8 ¿A quién le toca?

Dilo en castellano.

1. – Müsst ihr noch lange warten?
   – Nein, wir kommen gleich dran.
2. – Es tut mir Leid, aber Sie sind noch nicht dran.
   – Nein? Wer ist denn dran?
3. – Bist du jetzt dran?
   – Ja, ich komme jetzt dran.
4. – Wer kommt nun dran?
   – Das Mädchen kommt dran, glaube ich.

11.9 Un mensaje poético

a) Mira la poesía en la página 125 del libro y apunta si la información es correcta o no. ¿En qué palabra o frase del texto te has basado para decidirte por esa respuesta?

	correcto	falso
1ª estrofa La chica es muy alegre y se ríe mucho.	☐	☐
2ª estrofa El chico se fija mucho en la chica y cree que ella está enfadada.	☐	☐
3ª estrofa El chico le dice que ella no debe expresar abiertamente sus sentimientos.	☐	☐
4ª estrofa El chico le ofrece ayuda y quiere saber lo que le pasa.	☐	☐
5ª El chico quiere irse y no hablar nunca más con ella.	☐	☐

b) Busca las correspondencias entre las expresiones de la izquierda y de la derecha.

texto original	expresión equivalente
1. hace días que te observo	a) si es verdad lo que yo observo
2. una mano me ha valido	b) te ofrezco mi ayuda
3. a juzgar por lo que veo	c) te miro desde hace tiempo
4. ¿tienes miedo a romper el hielo?	d) si me voy en seguida
5. suéltate ya y cuéntame	e) para los momentos felices y menos felices
6. pa lo bueno y pa lo malo	f) ¿por qué no te relacionas con otros?
7. te tiendo la mano	g) cinco dedos han sido suficientes
8. si salgo corriendo	h) anda, dime lo que te pasa

11.10 En directo y en diferido

a) Escucha dos veces cada una de las siguientes conversaciones (en directo). Luego vas a leer y a escuchar cómo cuentan esas personas la conversación a otras personas (en diferido).

b) Marca en esos textos todos los elementos que han cambiado en comparación con la conversación en directo. Mira en la página 123 del libro, G 10.3.

Situación A

En directo: Animari habla con su amiga Marisa.

En diferido (estilo indirecto): Marisa le cuenta la conversación a su amiga Joana.

Ayer me encontré con Animari y le pregunté que qué tal en el Registro Civil. Ella me dijo que muy bien, que el funcionario había sido muy amable y que no le había puesto ningún tipo de pegas[1]. "O sea, que cambiar de nombre hoy día es fácil", le pregunté. "Si, sí, facilísimo", me contestó, que no había tenido más que presentar el DNI, decir el nombre que quería y firmar el formulario. "¿Y nada más?", le pregunté. "No, nada más", me contestó. Que como ella ya era mayor de edad, pues que no había necesitado la firma de sus padres. Que la próxima semana le daban el nuevo DNI.

[1] poner pegas: Einwände bringen

Situación B

En directo: Luis llama por teléfono y se pone la madre de Animari.

En diferido (estilo indirecto): Luis le cuenta a su amigo Germán cómo fue la conversación.

Yo llamé y pregunté por Claudia, pero se puso su madre y me dijo que allí no vivía ninguna Claudia y me colgó. Volví a llamar, y lo mismo. A la tercera llamada, ya conseguí hablar dos palabras y le pregunté si su número de teléfono era el que yo había marcado. "Sí, sí", me dijo, pero que allí no vivía ninguna Claudia. "¿No tiene usted una hija de 17 años?", le pregunté. "Sí", me contestó, pero que no se llamaba Claudia. Entonces oí una voz de chica que preguntaba quién era. "Un pesado que no deja de llamar preguntando por una tal Claudia", le contestó la madre. Entonces se puso Claudia al teléfono y ya, por fin, pudimos hablar.

c) A base del texto indirecto, reconstruís por parejas el diálogo.

11.11 ¡Qué ortografía, cielo santo!

Una carta como la siguiente con muchos errores de ortografía apareció en el periódico *La Vanguardia*. Tú vas a hacer de profesor y a corregir todas las faltas que contiene esta carta.

Señior direktor:

Leo con frequencia y con interes las kartas de aqueyos lectores que estan en fabor de la livertaz en el modo de escrivir, es desir, que cada uno puede escrivir como el kiera. Yo reconosco que es una grande comodidaz escrivir sin bes ni uves, sin ges ni jotas, con hache o sin hache, pero hai que tener en quenta el futuro lavoral de esos milliones de profezores de lengüa que aora enseñan esta asijnatura. ¿Que ban a hazer si nadie tiene que aprender la hortografia en el colejio? ¿Cómo ban a ganarse el pan para eyos y para su familia? Por eso, estoi en contra de la livertad hortografica y me deklaro sympatizante de aqueyos que defienden las reglas de hortografia que todos nosotros y las jeneraciones antes que nosotros tubimos que aprender.

Un kodial saludo.

11.12 Nombre artístico

Tú quieres presentarte a un concurso de cantantes para hacerte famoso. Te han contestado que les gusta tu voz, pero tu nombre, Cirilo, no.
Tú (A) llamas por teléfono. Tu compañero/a (B) es el responsable de "Operación Triunfo".

A: Llamas por teléfono y haces relación a la carta.

→ B: Tienes problemas para saber quién habla y preguntas.

A: Das alguna información sobre tu candidatura. ←

→ B: Has encontrado la solicitud. Das tu opinión negativa sobre el nombre y propones otro. Explicas por qué tiene que ser necesariamente el otro nombre.

A: No te identificas mucho con el nombre propuesto, expresas tus dudas. Quieres saber más detalles de qué tienes que hacer. ←

→ B: Explicas los siguientes pasos que tiene que dar.

A: Reaccionas agradecido y te despides. ←

Unidad 12

12.1 Los dados deciden ▶ G 11.2 / 12.2

Tira el dado. Cada cara corresponde a una persona. Di la forma del verbo correspondiente en indefinido. Tu compañero/a te corrige si no es correcta. Si ninguno de los dos está seguro, podéis consultar la gramática.

sentir | pedir | escribir | corregir | preferir | morir | seguir | divertirse

vivir | dormir | reñir | servir | salir | invertir | reír | oír | abrir

1 = yo
2 = tú
3 = él, ella, Vd.
4 = nosotros/as,
5 = vosotros/as
6 = ellos/as, Vds.

12.2 Cada cual a su sitio

Estructura los siguientes verbos apuntándolos con los verbos que se conjuguen de la misma manera. Apunta qué características tienen.

empezar | parecer | corregir | elegir | invertir | aprobar | despedirse | pensar | entender | servir | reír

preferir | traducir | volver | jugar | llover | cerrar | seguir | divertirse | conducir | costar | encender

probar | sonreír | sentarse | reñir | encontrarse | despertarse | ofrecer | morir | querer | repetir

1.
comenzar ______ ______ ______
______ ______ ______
______ ______

Características:

______

______

2.
conocer ______

Características:

______

______

3.
pedir ______ ______ ______
______ ______ ______
______ ______ ______

Características:

______

______

4.
sentir __________________ __________________ __________________

Características:

____

____

5.
dormir __________________

Características:

____

____

6.
producir __________________ __________________

Características:

____

____

7.
contar __________________ __________________ __________________

__________________ __________________ __________________

____

Características:

____

____

12.3 Se habla español ▶ G 12.4

Completa el texto con la forma impersonal adecuada.

1. Viajando en bicicleta (disfrutar)[1] __________________ más de la naturaleza.
2. En los mercados de los pueblos (poder) __________________ comprar las cosas que (necesitar) __________________ .
3. A veces (preguntarse) __________________ por qué tiene que haber exámenes y notas.
4. En Panamá no (hacer) __________________ los sombreros de Panamá.
5. En Europa (leer) __________________ muchos libros de autores latinoamericanos.
6. Siempre (decir) __________________ que en la escuela (prepararse) __________________ para la vida.

[1] disfrutar: genießen

12.4 Mi ruta por Latinoamérica

Robert y Julia ganaron un concurso y pudieron hacer un viaje de dos meses por Latinoamérica. Esta es una parte de su informe. Mira en la página 145 del libro, A 12.8.

a) Completa el texto usando los tiempos del pasado (imperfecto / indefinido / pluscuamperfecto).

Bueno, cuando nos (decir, ellos) ____________ que (ganar, nosotros) ____________ el concurso, nos (alegrar, nosotros) ____________ mucho, claro. Julia y yo (tener) ____________ muchas ganas de ir a Latinoamérica, porque nunca (cruzar) ____________ el Atlántico. También (estar) ____________ muy nerviosos, porque todo lo que nos (esperar) ____________ en esos países (ser) ____________ desconocido para nosotros. Además, tampoco (hablar) ____________ muy bien el castellano, y nos (decir, ellos) ____________ que en muchas zonas de Latinoamérica nadie entiende el inglés. Julia en seguida (ir) ____________ a una librería y (comprar) ____________ unos cuantos libros para estar informados. Nosotros (querer) ____________ ver muchas cosas, recorrer muchos países, conocer las viejas culturas ...

Después de mucho discutir, (decidir, nosotros) ____________ empezar nuestro viaje en México. (Salir, nosotros) ____________ del aeropuerto de Düsseldorf y, después de 12 horas de vuelo[1], (llegar) ____________ a Ciudad de México. (Hacer) ____________ mucho calor cuando (bajar, nosotros) ____________ del avión. (Tomar) ____________ un taxi y (ir) ____________ al hotel.

El hotel donde (dormir) ____________ la primera noche no (ser) ____________ muy lujoso[2], pero (tener) ____________ aire acondicionado[3] y unas camas muy grandes.

Al día siguiente (venir) ____________ el guía[4] a buscarnos al hotel y él nos (acompañar) ____________ y nos enseñó la ciudad. Bueno, no toda la ciudad, porque México es enorme. (Ver, nosotros) ____________ las cosas más importantes: la Universidad, el Zócalo (así se llama la plaza de la ciudad, la más grande de toda Latinoamérica), la catedral, la Plaza de las Tres Culturas y el Museo Antropológico.

Todo lo que (ver, nosotros) ____________ nos (gustar) ____________ muchísimo.

Después de tres días, yo (tener) ____________ problemas con la revancha de Moctezuma[5] y me (sentir, yo) ____________ fatal. (Tener, yo) ____________ que estar un día en cama. Menos mal que el guía me (dar) ____________ unas medicinas y al tercer día ya (poder, yo) ____________ hacer vida normal.

---

[1] el vuelo: der Flug; [2] no muy lujoso: kein Luxushotel; [3] aire acondicionado: Klimaanlage;
[4] el guía: Reiseführer; [5] la revancha de Moctezuma: Moctezumas Rache (Durchfall)

Julia (tener) __________ suerte, a ella Moctezuma la (dejar) __________ en paz.

Después de tres días en México D.F., como dicen los mexicanos, (volar, nosotros) __________ a Mérida, la capital de Yucatán, porque (querer) __________ visitar las ciudades mayas: Uxmal, Chichén Itzá, etc. Cuando nuestro guía nos (decir) __________ que los mayas no (conocer) __________ los metales, nosotros no (poder) __________ comprender cómo (construir, ellos) __________ las enormes pirámides y los grandes palacios que nosotros visitamos. Julia y yo (querer) __________ subir a la pirámide de Chichén Itzá, pero no (poder) __________, nos (decir, ellos) __________ que ya no (estar) __________ permitido. Yo (sentir) __________ mucho no poder subir a la pirámide, pero Julia lo (sentir) __________ aún más.

Luego volamos a Lima para conocer la cultura inca.

b) ¿Puedes imaginar la continuación?
¿Qué hicieron Robert y Julia en el Perú ? Escribe junto con tu compañero/a un breve relato. En la unidad 3 del libro tenéis información sobre Perú.

12.5 Tan veloz como el deseo

Este texto es de un libro de Laura Esquivel, una escritora mexicana, conocida también por su libro *Como agua para chocolate*.

a) Lee el texto y, si no conoces alguna expresión y no la sabes deducir, usa el diccionario.

... Fue cuando Júbilo nació que la situación cambió. La abuela empezó a frecuentar nuevamente la casa de su hijo, pues deseaba con toda el alma estar cerca de ese niño, cosa que nunca le pasó con sus otros nietos. En cambio, desde el primer momento en que vio a Júbilo, quedó fascinada con su rostro sonriente.
Júbilo llegó a esa familia como un regalo del cielo que ya nadie esperaba. Un regalo bellísimo pero que no sabían dónde poner. La diferencia de edad que había entre él y sus hermanos era de muchos años. ...
Júbilo y su abuela compartían juntos la mayor parte del día, paseando, jugando o conversando. Por supuesto, la abuela utilizaba el maya para comunicarse con su nieto, y Júbilo se convirtió en el primer nieto bilingüe que doña Itzel tenía. Y desde los cinco años de edad, el niño se encargó de prestar sus servicios como intérprete oficial de la familia. Cosa bastante complicada para un niño pequeño que tenía que distinguir que cuando su madre hablaba del mar se refería al mar que estaba frente a su casa y en donde toda la familia se bañaba; en cambio, cuando doña Itzel mencionaba la palabra *K'ak'nab* no hacía alusión únicamente al mar, sino a la "señora del mar" (una de las fases de la luna) y que en lengua maya se decía con la misma palabra. ...

Texto adaptado de Laura Esquivel: *Tan veloz como el deseo.* Plaza & Janés Editores, S.A.

b) Marca en el texto los indefinidos e imperfectos con dos colores diferentes y explica por qué se emplea ese tiempo en ese contexto.

c) **Responde a las siguientes preguntas. La respuesta la tienes en el texto.**

1. ¿En qué se diferenciaba Júbilo de los otros nietos de la abuela?
2. ¿Qué cambió en la vida de la abuela desde que nació Júbilo?
3. ¿Por qué se dice en el texto que Júbilo era un regalo que nadie esperaba?
4. ¿Por qué tenía que hacer Júbilo de intérprete de la familia?
5. ¿Por qué no era fácil para él la tarea de intérprete?

12.6 Dilo en castellano

1. So eine Fahrradtour ist sicherlich sehr interessant. Man sieht viel mehr und man lernt das Land viel besser kennen als wenn man einfach von einem Ort zum anderen fliegt.
2. Im Westen Mexikos regnet es wenig, dort ist Wüste. Im Osten dagegen ist die Vegetation üppig, aber die Leute sind nicht so offen wie im Norden.
3. Im Guatemala rannten die Kinder vor uns weg, weil sie Angst hatten. Sie dachten, wir seien Soldaten. Erst später erfuhren wir, dass das eine Folge des vergangenen Bürgerkrieges ist. Als wir sie dann freundlich grüßten und ihnen Kaugummis anboten, kamen sie näher und hatten keine Angst mehr.
4. Wenn man vor den Maya-Pyramiden steht, kann man verstehen, wie hoch entwickelt diese Kultur war. Aber warum sie verschwunden ist, weiß niemand.
5. Der Panamakanal war eines unserer wichtigsten Zwischenziele. Als wir vor der Brücke standen, die beide Teile Amerikas verbindet, waren wir sehr beeindruckt.

12.7 Un concurso cultural

A lo largo de las lecciones del libro has aprendido muchas cosas sobre España y Latinoamérica. Imagina que participas en un concurso cultural y te ponen las siguientes preguntas. ¿Cuál es tu respuesta?

Cada respuesta correcta vale un punto. (Soluciones, página 46)

Puntuación:

30 – 28 = fenomenal	24 – 20 = no está mal	14 – 10 = deficiente
27 – 25 = bastante bien	19 – 15 = muy regular	10 – 00 = de mal a fatal

1. España tiene ... Comunidades Autónomas
   a) 15 **b)** 16 **c)** 17

2. Francisco Pizarro fue el conquistador de
   a) México **b)** Perú **c)** Chile

3. Trujillo es un pueblo de
   a) La Mancha **b)** Andalucía **c)** Extremadura

4. Jamón ibérico es
   a) un equipo de fútbol **b)** algo para comer **c)** un piropo[1]

5. El País Vasco en su lengua, en vasco, se llama
   a) Euskera **b)** Euskadi **c)** Euskalduna

[1] un piropo: ein Kompliment

6. Los alcornoques son
   a) alumnos que sacan malas notas b) los habitantes de Alcoy c) árboles
7. La patrona de México es
   a) la Virgen de Montserrat b) la Virgen de Guadalupe c) la Virgen de la Almudena
8. En Mérida, capital política de Extremadura, encontramos importantes restos de arquitectura
   a) árabe b) ibérica c) romana
9. Por Mérida pasa el río
   a) Tajo b) Guadiana c) Guadalquivir
10. Cuando alguien celebra su cumpleaños, los amigos le regalan cosas y
   a) le dan un beso b) le tiran de la oreja c) le dan golpecitos en la espalda[1]
11. Cuando una mujer se casa, en España
   a) toma los apellidos del marido b) no cambia de apellidos c) ella decide si cambia o no
12. Machu Picchu es una importante ciudad de la cultura
   a) azteca b) maya c) inca
13. El Lago Titicaca es frontera natural entre
   a) Bolivia y Chile b) Perú y Ecuador c) Perú y Bolivia
14. Una de las lenguas originales de los incas era
   a) el quechua b) el guaraní c) el quetzal
15. La antigua capital del imperio inca era Cuzco y significaba para los incas
   a) ciudad del sol b) ombligo del mundo c) ciudad eterna[2]
16. La palabra "guagua" significa en Chile "bebé", pero en Guatemala o en las Canarias
   a) lo dicen los niños cuando quieren agua b) significa autobús c) es una fiesta
17. Cuando dos chicas o dos mujeres se saludan en España
   a) se dan la mano b) se dan dos besos c) se toman un café juntas
18. Los españoles cuando beben agua mineral, beben
   a) agua mineral sin gas b) agua mineral con gas c) agua mineral del grifo
19. La ciudad de Tegucigalpa es la capital de un país de América Central, a saber, de
   a) Honduras b) Costa Rica c) Guatemala
20. Dos de los siguientes países latinoamericanos no tienen acceso directo[3] al mar:
   a) Venezuela y Bolivia b) Bolivia y Paraguay c) El Salvador y Paraguay
21. Quino, el creador de Mafalda, es un famoso dibujante[4] de
   a) Chile b) México c) Argentina
22. ESO es
   a) una marca de gasolina[5] b) una marca de queso c) un sistema escolar

[1] dar golpecitos en la espalda: Schulterklopfen
[2] la ciudad eterna: ewige Stadt
[3] el acceso directo: direkter Zugang
[4] el dibujante: Zeichner
[5] la gasolina: Benzin

23. Con el término "Cono Sur" nos referimos a los países
 a) Argentina – Chile – Uruguay b) Perú – Bolivia – Ecuador c) Brasil – Uruguay – Paraguay

24. El Museo del Prado está en
 a) Barcelona b) Sevilla c) Madrid

25. Santiago es el Patrón de España. Su fiesta se celebra el
 a) 25 de junio b) 25 de julio c) 25 de agosto

26. El instrumento musical típico de Galicia es
 a) el acordeón b) la guitarra c) la gaita

27. El Deportivo de A Coruña es
 a) un museo b) un equipo de fútbol c) una comida gallega

28. En España, ¿dónde te sientas en el taxi?
 a) con tus amigos b) delante, al lado del taxista c) atrás

29. La tortilla española se hace con
 a) maíz b) patatas c) carne

30. El Camino de Santiago pasa por
 a) Burgos y León b) Madrid y Toledo c) Barcelona y Valencia

12.8 ¡Qué mala suerte!

a) Escucha el diálogo.

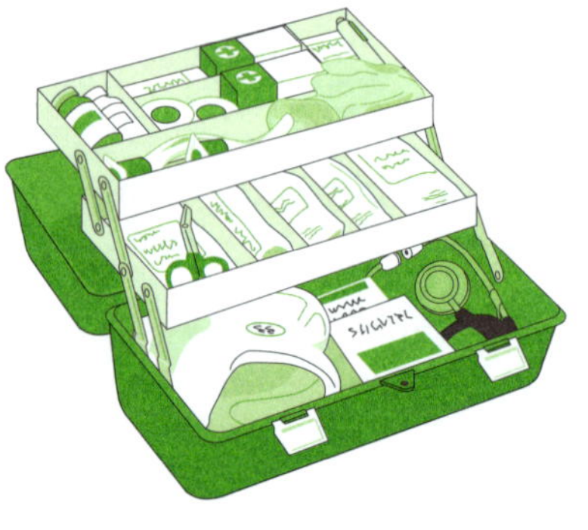

Vocabulario:
el tobillo: Knöchel
apoyar: aufsetzen
hincharse: anschwellen
el hielo: Eis
el botiquín: Reiseapotheke, Verbandskasten

b) Después de escuchar una o dos veces el diálogo apunta si la información es correcta o no.

	correcto	falso
1. Miguel Ángel se ha caído porque se ha dormido en la bicicleta.	☐	☐
2. A Miguel Ángel se le ha roto el tobillo.	☐	☐
3. El accidente ocurrió cerca de un pueblo.	☐	☐
4. La bicicleta se ha roto y Miguel Ángel ya no puede andar en ella.	☐	☐
5. Miguel Ángel ya se ha caído otras veces de la bicicleta.	☐	☐
6. Raúl tiene que ir a buscar agua porque no tienen hielo.	☐	☐
7. A Natalia le gusta el optimismo de Raúl.	☐	☐

c) Para los pequeños accidentes como el de Miguel Ángel está bien tener un botiquín. Imagina que tu botiquín está vacío y quieres equiparlo[1] con todo lo necesario. Con ayuda del diccionario, escribe lo que, en tu opinión, debe haber en un botiquín.

[1] equipar: ausrüsten, bestücken

A Wie lerne ich am besten?

Sicherlich hast du für andere Fächer oder andere Sprachen bereits festgestellt, welche Arbeitsweisen zu besserem Erfolg verhelfen.
Solltest du schon sicher sein, welcher Lerntyp du bist, so wird es dir nicht schwer fallen, deine Erkenntnisse auf das Spanische anzuwenden. Solltest du jedoch das Gefühl haben, mit dem Lernen nicht ganz erfolgreich zu sein, so können dir die folgenden Fragen helfen, deine Stärken und Schwächen besser zu erkennen (alle Fragen beziehen sich auf mündliche oder schriftliche Äußerungen in der Fremdsprache, die deinem Kenntnisstand entsprechen):

Wie kann ich Gehörtes nachsprechen?

- ☐ rasch, genau und ohne Mühe
- ☐ rasch; aber ungenau
- ☐ langsam, aber genau
- ☐ wenn eine Person vorspricht
- ☐ durch Abhören von Tonträgern (Kassette, CD, …)
- ☐ durch szenisches Spiel
- ☐ mit Hilfe von gezielten Ausspracheübungen, Zungenbrechern, Reimen, Merksätzen, …

Wie verstehe ich Gehörtes am besten?

- ☐ im Unterrichtsgespräch
- ☐ bei Erzählungen
- ☐ nach mehrmaligem Wiederholen
- ☐ im Allgemeinen eher schlecht
- ☐ nur, wenn ich mitlesen kann
- ☐ wenn mir vorher bestimmte Wörter / Ausdrücke erklärt werden
- ☐ mit Hilfe von Bildern / Illustrationen
- ☐ wenn ich nicht direkt angesprochen werde

Wie lese ich Texte?

- ☐ selbstständig
- ☐ nur nach Aufforderung und entsprechender Vorbereitung
- ☐ am liebsten in der Gruppe
- ☐ ich übersetze in der Regel, um den Text zu verstehen
- ☐ ich hebe wichtige Stellen hervor (unterstreichen, markieren)
- ☐ ich mache mir Notizen
- ☐ ich brauche Verständnishilfen
  - ☐ vor dem Lesen
  - ☐ beim Lesen
  - ☐ nach dem Lesen

Wie lerne ich Wörter am besten?

- ☐ allein, zu Hause
- ☐ durch Wiederholung in der Klasse
- ☐ durch Abfragen
- ☐ mit Hilfe von
  - ☐ Kernbegriffen
  - ☐ Zeichnungen
  - ☐ Kurztexten
  - ☐ Themenvorgaben
- ☐ durch Auswendiglernen von Merksätzen oder Merkreimen
- ☐ erst nach einer gewissen Zeit nach vielen Wiederholungen

Wie schreibe ich?

- ☐ gern, oft und spontan und meine eigenen Gedanken
- ☐ gern nach Vorlage
- ☐ witzige, phantasievolle Sprüche, Sentenzen, Graffiti
- ☐ gern über die Lehrbuchpersonen
- ☐ gern Phantasietexte
- ☐ gern mit dem PC
- ☐ gern Briefe, E-Mails
- ☐ lieber ausführlich
- ☐ meist ziemlich kurz

Wie arbeite ich ganz allgemein?

- ☐ sehr planvoll
- ☐ mit Notizen
- ☐ lieber spontan
- ☐ gern mit Partner/in oder in der Gruppe
- ☐ lieber allein
- ☐ mit Hilfsmitteln
- ☐ intensiv und konzentriert
- ☐ sprunghaft, unsicher, unkonzentriert
- ☐ langsam, aber gründlich

So lerne ich:

So könnte ich meine Arbeitsweise verbessern:

Unabhängig von den Vorlieben, Stärken und Schwächen des Einzelnen gilt: Je mehr Aktivitäten am Lernen beteiligt sind, desto besser. Hören und Lesen ist besser als Hören oder Lesen allein; Hören, Lesen und Schreiben ist besser als Hören und Lesen; Hören, Lesen, Schreiben und Sprechen ist besser als Hören, Lesen und Schreiben.

				Bewertung
			Hören	++++
		Hören	+ Lesen	+++
	Hören	+ Lesen	+ Schreiben	++
Hören / Lesen	+ Lesen	+ Schreiben	+ Sprechen	+

Je mehr Gehirnzellen am Lernvorgang beteiligt sind, desto besser.

B Vokabeln

- Vokabeln bleiben besser im Gedächtnis, wenn man sie beim Lernen und Wiederholen laut nachspricht.
- Lerne die Wörter nach Möglichkeit in einem sinnvollen Zusammenhang (Satz / Ausdruck / Satzteil).
- Viele Wörter und Ausdrücke muss man mehrmals wiederholen, bis man sie sicher und aktiv beherrscht.
- Substantive immer mit Artikel lernen; auch den Plural bilden, insbesondere, wenn Besonderheiten auftreten, z.B. eine Veränderung der Schreibweise (**lápiz – lápices, autobús – autobuses, habitación – habitaciones**).
- Bei Adjektiven jeweils die maskuline und feminine Form lernen, am besten im Singular und Plural und zusammen mit passenden Substantiven.
- Verben mit der entsprechenden Präposition bzw. mit Objekten lernen, um sich die Konstruktion einzuprägen; am besten laut durchkonjugieren, dabei auf Unregelmäßigkeiten / Besonderheiten (z.B. Diphthongierung) achten (**enamorarse de, comenzar** (-ie-) **a, soñar** (-ue-) **con**).
- Beim Wiederholen der Verben solltest du verschiedene Personen verwenden und auch die verschiedenen Zeitformen, die du bereits kennst.

Die Vokabelkartei

Das Aufschreiben neuer Vokabeln geschieht am besten auf Karteikarten. Warum?
Neue Bedeutungen oder Hinweise zur Verwendung eines Wortes können leicht ergänzt und hinzugefügt werden.
Eine Kartei ermöglicht auch das leichtere Wiederauffinden einer bereits notierten Vokabel.
Diejenigen Vokabeln, die man sicher beherrscht, können aussortiert werden.

In einer Kartei lassen sich die Vokabeln nach verschiedenen Gesichtspunkten neu ordnen:
- nach Sachgebieten,
- nach dem Alphabet,
- nach grammatikalischen Gesichtspunkten (z.B. Verben mit Präposition, Genus der Substantive, Verben einer Konjugationsklasse, usw.),
- nach Wortfamilien und nach der Wortbildung (Präfixe, Suffixe).

Die Wörter und Wendungen können dann nach diesen unterschiedlichen Gesichtspunkten wiederholt und gelernt werden.

Wie sollte eine Lernkartei aussehen?

Vorüberlegungen:
- Wo und wann benutze ich die Kartei? (nur zu Hause oder auch im Unterricht; trage ich neue Vokabeln sofort ein oder erst später, bei der Nachbereitung des Unterrichts)?
- Wähle ich verschiedene Farben, um den Wortschatz zu klassifizieren, z.B. nach Substantiven, Adjektiven, Verben?
- Wie soll eine Karteikarte strukturiert sein?

Empfehlungen: Die Karteikarten sollten eine einheitliche Grundstruktur haben.

Beispiel:

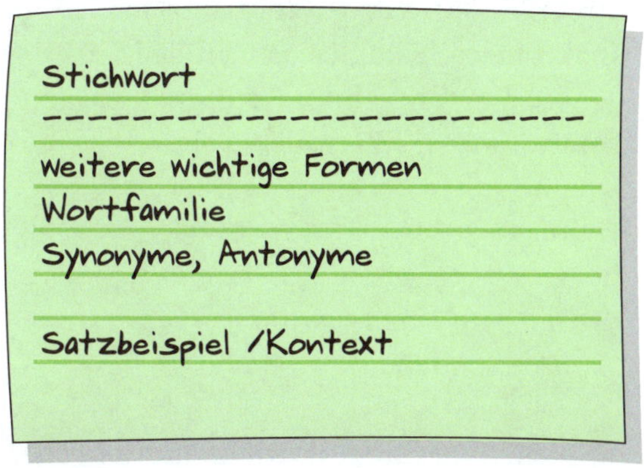

Vorderseite

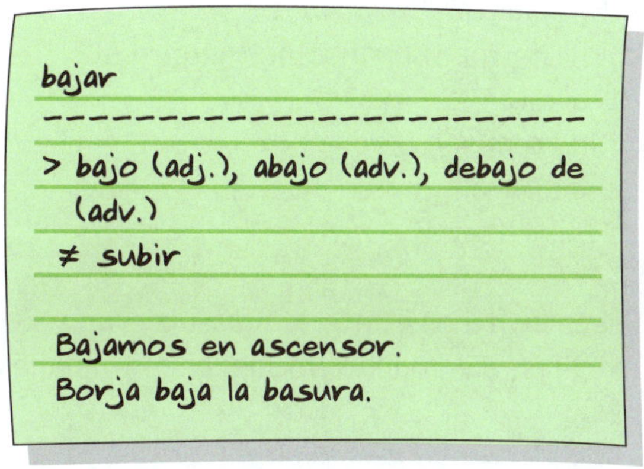

Vorderseite

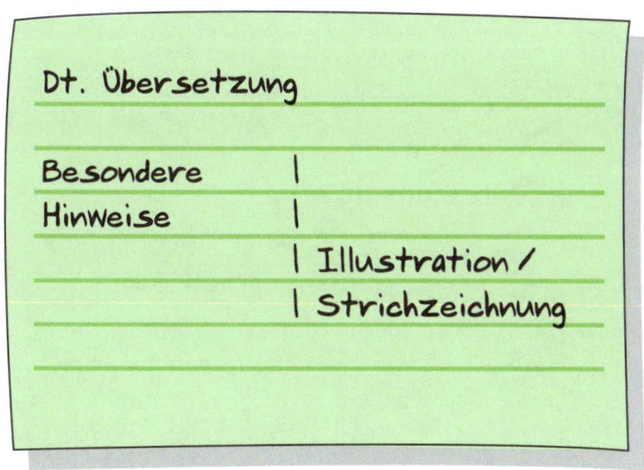

Rückseite

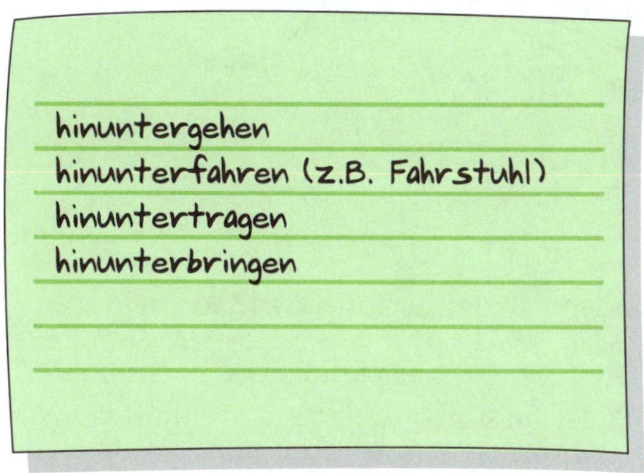

Rückseite

Die Karteikarten sollten auf der Vorderseite die Vokabel enthalten und nach Möglichkeit einen Beispielsatz bzw. Satzteil.
Die deutsche Entsprechung schreibt man am besten auf die Rückseite (Abfrage, Selbstabfrage).

Es empfiehlt sich, das Format der Karteikarten nicht zu klein zu wählen, damit weitere Beispiele und neue Bedeutungen hinzugefügt werden können. Allerdings können dafür auch neue Karten angelegt werden.

Die Aufteilung am besten so wählen, dass bestimmte Bereiche leicht abgedeckt werden können (Abfrage).

Weitere Möglichkeiten: verschiedene Papierfarben (z.B. für verschiedene Wortarten), farbige Aufkleber, z.B. für Wörter / Wendungen, die man sich besonders schwer merkt, usw.

Weitere Möglichkeiten, mit dem Wortschatz zu arbeiten

Beziehungen zwischen Wörtern entdecken: **Assoziation**. Ordne Wörter und Ausdrücke einander zu, die in einer Beziehung zueinander stehen.

Beispiele:

A ist Bestandteil von B	cocina, dormitorio, baño, ... – piso
aus A wird B gemacht	patatas – tortilla, puré de patata
A kommt in B vor	edificios, plazas, calles, iglesias – ciudad
A und B sind komplementär	madre – padre / madre – hijo/a, soltero – casado
A ist ein Beispiel von B	cama, armario, mesa, ... – mueble(s)
A wird mit Hilfe von B bearbeitet / hergestellt	foto – cámara
A besteht aus B	libro – página(s)
A kommt in Form von B vor	papel – hoja
A wird durch B transportiert	pasajero – tren / autobús / avión
A kommt zeitlich vor B	mañana – tarde – noche

Beziehungen zwischen Wörtern: **Klassifizierung**. Zeichne Mind-Maps und Struktogramme für Bereiche des Vokabulars, die in den verschiedenen Unidades des Schülerbuchs vorkommen: Familie, Schule, Reisen, usw.

Beispiel:
La ciudad (Unidad 6)

¿Qué hay en una ciudad?

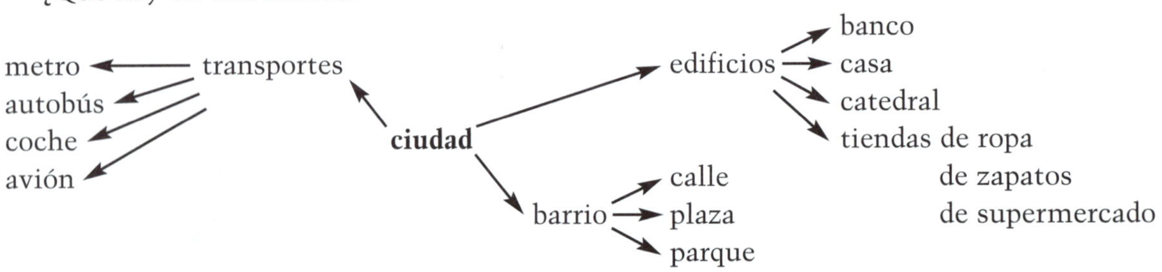

Verschiedene Bedeutungen eines Wortes

Die meisten Wörter einer Sprache können mehrere Bedeutungen haben. Stelle Beispiele aus dem Wörterverzeichnis oder anhand deiner Kartei zusammen.

Beispiel:
Das Verb **seguir** taucht in den Texten des Lehrbuchs verschiedenen Zusammenhängen auf. Versuche es wiederzufinden und lege eine Karteikarte mit den verschiedenen Bedeutungen an. Bilde je ein Beispiel.

seguir en contacto con
seguir todo recto
seguir hablando

Wortschatzerweiterung

Es gibt viele Möglichkeiten, seinen Wortschatz zu erweitern. So fällt dir vielleicht bei der Erstellung einer Mind-Map zu einem Thema ein deutsches Wort oder eine Redewendung ein, deren spanische Entsprechung du nicht kennst. Versuche sie, mit Hilfe eines Wörterbuchs herauszufinden.
Eine andere Möglichkeit sind sachliche Beziehungen.
Beispiel:
In der Übung A 8.12 findest du die Namen einiger Früchte. Sieh im Wörterbuch nach, wie die entsprechenden Bäume heißen.

C Grammatik

- Versuche, die wichtigsten Regeln in eigenen Worten zusammenzufassen.
- Wenn du Übungen machst und auf Probleme stößt, die dir besondere Schwierigkeiten bereiten, schreibst du sie in ein **grammatisches Merkheft** (Ringbuch).
- Versuche, wichtige Regeln schematisch darzustellen. Verwende dazu einheitliche und leicht verständliche Symbole (Pfeile, Klammern, mathematische Zeichen, Farben, ...)
- Versuche, bei neuen Erscheinungen die Beziehung zu bekannten Formen und Regeln herzustellen.
- Suche nach Merkhilfen / Eselsbrücken:
  optisch: Illustrationen, Schemata
  akustisch (Anklänge, Reime, usw.): vengo – tengo – pongo.
- Mache dich mit den Möglichkeiten vertraut, grammatikalische Zweifelsfälle oder Unsicherheiten durch Nachschlagen zu klären. Nutze dazu das grammatikalische Register, den **Índice gramatical** am Ende des Schülerbuchs. Wenn du eine Verbform nicht sicher weißt, schlägst du entweder in der Verbtabelle nach, oder du überlegst, nach welchem Muster dieses Verb wohl konjugiert wird und suchst mit Hilfe des Registers den entsprechenden Grammatikparagraphen. Auch enthalten die meisten Wörterbücher Verbtabellen und entsprechende Verweise.
- Wenn dir die Bedeutung eines grammatischen Fachausdrucks nicht klar ist, versuche, den Terminus – evtl. gemeinsam mit Mitschülern – anhand von Beispielen zu klären. Du kannst dazu in vielen Fällen auch ein deutsches Grammatikbuch verwenden.

D Leseverstehen

Man kann beim Lesen verschiedene Grade des Erfassens unterscheiden, die man als Arbeitsschritte nacheinander durchlaufen kann.

- Der **erste** Schritt: das Erfassen des Inhalts als Ganzes – ohne Einzelheiten.

Übung: Du hast 30 Sekunden Zeit für ein rasches Überlesen des Textes 4.12. Dann fasst du in einem Satz zusammen, wer hier spricht und worüber diese Person berichtet.

- Der **zweite** Schritt: das schnelle Aufsuchen bestimmter Informationen.

Übung: Du überfliegst den Text 4.12 ein zweites Mal; du versuchst, möglichst schnell herauszufinden, wo sich das Familienleben der Person, die hier spricht, abspielt. Versuche, das Schlüsselwort zu finden, auch wenn du es noch nicht kennst. Notiere es.

- Der **dritte** Schritt: das genaue Lesen.

Übung: Teil b) von 4.12

- Der **vierte** Schritt: Strukturieren (Schritt vier und Schritt fünf können in der Reihenfolge vertauscht werden).

Übung: Versuche, den Text in Abschnitte einzuteilen, denen du jeweils eine kurze Überschrift gibst.

- Der **fünfte** Schritt: die Verbindung von Aussprache und Schriftbild – laut lesen.

Übung:

a) Du liest einen Textabschnitt von 10 – 15 Zeilen mehrmals laut. Achte dabei nicht nur auf die Wortbetonung, sondern auch auf die Satzmelodie und auf die Pausen.

b) Zeichne deine Lektüre auf Kassette oder als Sounddatei auf PC auf. Höre dir die Aufnahme aufmerksam an.

Du wirst vielleicht selbst feststellen, wo deine Aussprache nicht sehr gut ist. Du wirst aber vor allem feststellen, dass du den Text jetzt fast auswendig kannst und die darin enthaltenen Wörter und Wendungen „im Ohr hast".

D Hören

- Versuche zuerst, die **Grundaussage** des Textes zu verstehen.
- Beim zweiten Hören versuchst du dann, die **Einzelheiten** zu erfassen.
- Achte auf Sprechersignale wie die Satzmelodie, Ausrufe, Pausen, usw. Sie können dir helfen, die Aussage des Textes zu verstehen, auch wenn du einzelne Wörter oder Ausdrücke nicht kennst.
- Beim Erschließen der Einzelheiten können dir Leitfragen – die sogenannten W-Fragen (**wer** tut **was wann, wo, wie, weshalb, womit,** usw.) – helfen.
- Mache dir kurze Notizen zur Aussage der einzelnen Textteile und Abschnitte.

E Sprechen

Aussprache

- Zum Üben der Aussprache mit Hilfe der Tonaufnahmen auf CD empfiehlt sich, eine Arbeitskopie auf Kassette zu erstellen. Diese kannst mit der Pausentaste an jeder beliebigen Stelle leicht stoppen und dir so die Texte satzweise oder gar Wort für Wort anhören.
- Betonung: Die Wortbetonung ist im Spanischen sehr wichtig, insbesondere bei den Verben. Im Arbeitsheft kannst du die betonten Silben markieren (Farbmarker, Unterstreichung).
- Um dir die Betonungsschemata einzuprägen, kannst du den Rhythmus mitklatschen.
- Ein häufiges Problem ist die Vokalverschleifung des Spanischen. Falls du Schwierigkeiten damit hast, sprich Vokalfolgen laut aus:

oeoeoe – ueueue – iaiaia – ieieie – uauaua – oeiau – aeiou – ieaou

- Versuche, diejenigen Wörter, die zusammengehören (einen Satzteil bilden), wie ein einziges Wort, d.h. ohne Zäsur zu sprechen (Wortkette).
- Fertige eine Aussprachetabelle der Konsonanten **c** und **g** an. In diese trägst du ein, mit welchem nachfolgenden Vokal jeweils die Aussprache gleich ist, z.B.:

ca	ci	ga	gi
co	ce	go	ge
qui		gui	
que		gue	
cue		güe	
cua		gua	
cuo		guo	

Markiere die Analogien durch Farben. Sammle Beispiele aus den Texten, die du bereits kennst, und sprich sie dir mehrmals laut vor.
Gehe dabei von der Aussprache aus; mache dir bewusst, welche Laute die Buchstaben jeweils repräsentieren [k, θ, g, χ, kw, gw].
Achte bei der Aussprache darauf, ob ein **u** hörbar ist oder nicht (**querer** – **cuando**).
Beachte auch den Unterschied **c** – **cc**: **aceptar** – **acceso** (vergleiche mit analogen Fremdwörtern im Deutschen)

- Achte darauf, dass du die betonten Vokale nicht zu lang und gerundet sprichst. Im Spanischen sind auch betonte Vokale eher kurz und offen.

Spontanes Sprechen / Flüssigkeit

- Versuche immer, die Wörter und Wendungen zu verwenden, die du bereits kennst; suche nicht nach der Übersetzung muttersprachlicher Formulierungen. Verwende möglichst einfache und übersichtliche Sätze.
- Durchsuche die Texte des Schülerbuches und des Arbeitsheftes, insbesondere die Dialoge, nach Partikeln, Wörtern und Ausdrücken, die jeweils eine Äußerung einleiten oder beenden (**bueno, pues, en fin, anda, venga, vaya, no me digas, qué va, ...**). Du wirst feststellen, dass sich einige dieser Ausdrücke sehr häufig wiederholen. Versuche, diese sogenannten redesteuernden Mittel selbst zu verwenden. Sie halten den Redefluss in Gang, verschaffen dir aber gleichzeitig kleine Denkpausen.

F Schreiben

Rechtschreibung

- Versuche auch bei der Lektüre von Texten nachzuvollziehen, weswegen bestimmte Wörter mit Akzent geschrieben werden.
- Beachte, dass Fragesätze und Ausrufe im Spanischen mit einem umgekehrten Fragezeichen bzw. Ausrufungszeichen eingeleitet werden. Imperative gelten allerdings normalerweise nicht als Ausrufe (kein Ausrufungszeichen).
- Beachte, dass bestimmte konsonantische Laute unterschiedlich geschrieben werden, je nachdem, welcher Vokal ihnen folgt. Erstelle dir selbst eine Übersicht für die Laute [k], [θ], [χ], [g].

Eigene Textproduktion

- Versuche auch hier, wie beim Sprechen, insbesondere die Wörter und Wendungen zu benutzen, die du bereits kennst; erinnere dich an die Ausdrucksweise der bereits bearbeiteten Texte.
- Wenn du einen Text verfasst, so lege den Aufbau vorher durch kurze inhaltliche Notizen (Gliederung) fest.
- Schärfe deinen Blick – auch in der Muttersprache – für die unterschiedlichen Sprachregister (z.B. Slang, Umgangssprache, Schriftsprache, gehobener Stil, usw.).

G Umgang mit Texten

Die Texte im Schülerbuch und im Arbeitsheft solltest du grundsätzlich mehrmals durcharbeiten. Du wirst dir dabei die meisten Wörter und Redewendungen in einem sinnvollen Zusammenhang einprägen.

Ein Text ist keine bloße Ansammlung von Wörtern. Er hat einen inneren Zusammenhang und er steht in einem (Kommunikations-) Zusammenhang.
Bei der Bearbeitung eines neuen Textes solltest du immer zuerst versuchen, den Gesamtzusammenhang zu verstehen. Dazu gehört auch die Situation, in der der Text gesprochen oder geschrieben wurde.

Hast du den Zusammenhang bzw. die Grundaussage eines Textes oder Textabschnitts verstanden, so wirst du manche unbekannten Ausdrücke leichter erschließen können.
Die konkrete Bedeutung mehrdeutiger Wörter kann außerdem nur durch den Textzusammenhang eingegrenzt werden.
Texte haben auch einen **Aufbau**. Versuche, diesen zu erkennen.

Beispiel:
a) Fasse die einzelnen Abschnitte des Textes U 12 im Schülerbuch jeweils in einem Satz zusammen. Versuche zu erkennen, nach welchem logischen Prinzip der Text aufgebaut ist.
Um welchen Texttyp handelt es sich, was will der Text bewirken?

b) Versuche nun, den Text 11.19 in 3 Sätzen zusammenzufassen. Nach welchem Prinzip ist der Text aufgebaut?
Welche Wörter bzw. Ausdrücke dienen dazu, den Text zu strukturieren.

Texte am PC bearbeiten

Schreibe ein Textstück mit einem Textverarbeitungsprogramm ab; falls du ein Texterkennungsprogramm zur Verfügung hast, kannst du den Text auch einlesen (scannen), dies lohnt sich jedoch nur, wenn du einen längeren Text erfassen möchtest.
Falls du über ein Spracherkennungsprogramm verfügst, kannst du deinem PC den Text diktieren. Sprich dabei möglichst deutlich. Möglicherweise musst du dazu das Programm für die spanische Sprache trainieren. Dabei trainierst du auch deine eigene Aussprache.

Wenn du den Text erfasst hast, kannst du die Datei – am besten eine Kopie derselben – benutzen, um selbst Übungen zu erstellen. Hier einige Vorschläge:

- Lösche bestimmte Elemente des Textes (Verben, Artikel, Präpositionen, Laute, ...) und versuche kurze Zeit später, den Text wieder zu vervollständigen.
- Du kannst die getilgten Elemente auch als Menü an den Anfang oder ans Ende des Textes ziehen und von dort später wieder zurück verschieben.
- Mit der Funktion Suchen – Ersetzen deines Textverarbeitungsprogramms kannst du die Akzente von den Vokalen entfernen lassen. Dann druckst du den Text ohne Akzente aus und setzt die Akzente von Hand.
- Du kannst einzelne Sätze umstellen und später die richtige Satzstellung wieder herstellen.
- Bestimmte Wörter kannst du durch die deutsche Übersetzung ersetzen. Nach einigen Tagen ersetzt du die deutschen Wörter wieder durch die passenden spanischen Ausdrücke. Du kannst so testen, ob du den Wortschatz gut beherrschst.
- Stelle die Abschnitte in der Reihenfolge um; später bringst du sie wieder in die richtige Ordnung.
- Versieh jeden Abschnitt mit einer kurzen, jedoch möglichst aussagekräftigen Zwischenüberschrift.
- Schreibe eine Einleitung oder, wenn der Text offen endet, einen passenden Schluss.

Bildnachweis
S. 7 K. Süß, Erlangen
S. 14 Greg Smith/Corbis Saba
S. 35 P. Pérez, Erlangen
S. 54 Matthew Klein/Corbis
S. 59 li.: dpa/A. Scorza, Frankfurt, Mi.: dpa/G. Breloer, re.: dpa/J. Saget.